西汉南越王博物馆馆藏系列丛书

红土黑彩

西汉南越王博物馆馆藏彩陶

何东红 主编

中山大学出版社
·广州·

版权所有 翻印必究

图书在版编目（CIP）数据

红土黑彩：西汉南越王博物馆馆藏彩陶／何东红主编．—广州：中山大学出版社，2017.3

（西汉南越王博物馆馆藏系列丛书）

ISBN 978-7-306-05857-7

Ⅰ．①红…　Ⅱ．①何…　Ⅲ．①彩陶－陶器（考古）－中国－西汉时代－图集　Ⅳ．① K876.32

中国版本图书馆 CIP 数据核字（2016）第 238460 号

出 版 人：	徐　劲
策划编辑：	王延红
责任编辑：	陈俊婵　张红艳
封面设计：	林绵华
装帧设计：	林绵华
责任校对：	易建鹏
责任技编：	黄少伟
出版发行：	中山大学出版社
电　　话：	编辑部 020-84111997，84110779
	发行部 020-84111998，84111981，84111160
地　　址：	广州市新港西路135号
邮　　编：	510275　　传　真：020-84036565
网　　址：	http://www.zsup.com.cn　E-mail:zdcbs@mail.sysu.edu.cn
印 刷 者：	广州家联印刷有限公司
规　　格：	889mm×1194mm　　1/16　　15印张　　272千字
版次印次：	2017年3月第1版　　2017年3月第1次印刷
定　　价：	168.00元

如发现本书因印装质量影响阅读，请与出版社发行部联系调换

西汉南越王博物馆馆藏系列丛书

顾　　问：麦英豪

编委会

主　　任：吴凌云
委　　员：黄洪流　林冠男　王维一　何东红
　　　　　胡在强　李秋晨　崔亚平　李　妍
主　　编：何东红
副 主 编：李光辉
撰　　稿：何东红　李光辉
文物摄影：何东红
器物说明：何东红
校　　稿：向晋艳

Contents
目 录

第一部分 综述
西汉南越王博物馆馆藏史前彩陶述略   3
西汉南越王博物馆馆藏史前彩陶的初步认识   9

第二部分 图录
马家窑文化   19
齐家文化   183
辛店文化   201
四坝文化   203

第三部分 器物说明   205
后　记   236

第一部分 综述

西汉南越王博物馆馆藏史前彩陶述略

何东红

1993年，国家文物局决定将香港政府移交的一批彩陶共485件调拨到我馆，以丰富我馆藏品种类。1993年6月4日，在西汉南越王博物馆，由国家文物局任杰女士带队，代表国家文物局将这批彩陶移交我馆。后经麦英豪、曾骐、赵自强、于兰四位专家鉴定，这批彩陶多属于新石器晚期的马家窑文化和齐家文化遗存。

彩陶是我国新石器时期广泛流行的一种精美陶器，分布广泛，以黄河、长江流域为中心，多元并存，共同发展。就艺术成就而言，主要有两大系统：一是分布于黄河中游地区的仰韶文化，以半坡、庙底沟类型彩陶最具代表性；二是分布于黄河上游甘青地区的马家窑文化，其中有马家窑、马厂等类型。其他一些如龙山文化、良渚文化以及齐家文化、屈家岭文化也都有代表性的彩陶。

先民用绘画的形式记录了他们对生活的理解和追求。从彩陶精美的纹饰上，我们可以了解原始先民的审美观念和表现方法，研究他们的精神世界。彩陶多为手工制作，常见器型有碗、盆、钵、罐、壶等，其造型或古朴沉稳，或端庄秀丽，或丰实饱满，或苗条挺拔，或坚实厚重，或小巧玲珑……型式多样，富于变化。彩陶所用颜料以红、黑为主，制作者不仅会用颜料直接描绘出图形，还会通过用颜料填充图形的周边区域的方式来反衬出图形。纹饰风格多样，或繁丽，或明快，或柔和，或刚健，或精致，或粗放。具体来说可分为三类：一类是鱼纹、蛙纹、鸟纹、鹿纹、人纹、牛羊纹、猪狗纹、花卉纹等生活常见的生物，其造型古朴稚拙，简练传神，并且注重立意，以意取形、以意设形、以意写形，充分发挥想象力，使图案的构设不受自然形体的束缚而

灵动多变。运用意象表现的方法，使得天上的飞鸟、水中的游鱼和人面，以意融合成像，显示出卓越的构图能力、鲜明的意境以及气象万千的艺术风貌；另一类是摹写大自然的太阳纹、流水纹、旋涡纹、波浪纹等，这类纹饰在动态的格式中充分舒展，使图案具有流畅柔美的抒情风格；最后一类是大量使用三角形、圆形、直线等几何纹交合创造出的抽象纹饰。这些纹饰的特征与组合形式，构成了独特的文化景观。

西汉南越王博物馆入藏的这批彩陶经专家鉴定，属马家窑文化的有308件；其中马家窑类型的有1件，半山类型的有27件，马厂类型的有280件。属齐家文化的有42件。另外有少量属辛店文化和四坝文化。下面着重介绍这批彩陶中的马家窑文化和齐家文化的彩陶特点。

一、马家窑文化

距今四五千年左右。主要分布于黄河上游地区的青海与甘肃境内，以及四川北部和宁夏东南部。它上承庙底沟文化，下启齐家文化。其陶土是以红土加入少量的细黄土合成的，这样使得陶土更加柔韧，不仅在制陶过程中陶坯不易开裂，而且陶器的色泽变浅，彩绘于上的颜色显得更加清新鲜艳。与其他彩陶相比，其画彩的部位更加广泛，彩绘幅面较大，不仅在器物的外壁和口沿布满纹饰，还盛行内彩（纹饰绘于器物内壁）。不仅有着精熟的彩绘技术，而且以有条不紊的绘画程序画出复杂的纹饰，各种线描都掌握得熟练自如，令器物的花纹繁缛瑰丽，富于变化而有规律。器物的耳部多有附加堆塑纹。这一时期无论是陶器的烧制还是绘彩的技术，都已达到相当成熟的程度，是我国新石器时代晚期彩陶文化的代表，也是我国彩陶艺术的又一高峰。

马家窑文化的彩陶有三个类型：马家窑类型、半山类型、马厂类型。不同类型的纹样有一定的区别，纹饰除了一些象形纹样之外，大多数是几何纹饰，但它们有共同特征，即图案结构紧密、回旋多变、装饰面大，纹样以旋涡纹为主。马家窑文化中以曲线构成的旋涡纹饰是结构最复杂、最完美而又最具典型意义的几何纹饰。另外还有同心圆纹、三角纹、锯齿纹、鸟纹、蛙纹等，线条流畅洒脱，其高超的工艺装饰水平，体现了原始绘画艺术的魅力。

（一）马家窑类型
距今约五千年。直接承袭石岭下类型陶器发展而来。形制较前略有变化，彩陶的纹样较前增多。陶器中的连腹罐、束腰罐、平口罐都是新的器型。陶器以黑色彩

绘为主，纹饰有双道平行线纹、圆点纹、螺旋纹、梅花点纹、连环纹、弧边三角纹、葫芦形纹等。如新石器时代晚期马家窑文化彩陶束腰壶（图录20：42-7），上部钵体内外及下部陶罐均用大面积黑色衬出土黄底的平行线、斜线、圆形十字圆点组成的几何纹图案，圆点和月牙形的弧线组成变体的侧面鸟纹图案，整体造型奇特，装饰华丽，是马家窑类型彩陶中罕见的一例。

（二）半山类型 距今四千多年。该类型是在马家窑类型的基础上发展起来的，在制陶工艺和彩陶绘画艺术上有着独特的风格，展现了彩陶艺术新的繁荣时期。陶器的造型美观，彩绘纹饰堂皇富丽。器型以直口直颈壶和短领侈口罐为主，此外还有单耳罐、厚缘钵、单耳壶等。直颈壶壶口的两侧有锯齿状边的小附耳。壶、罐的腹部最宽处偏上，其腹部较圆，造型圆浑厚重，外形轮廓线转折变化极为考究，是工艺制作最成功的陶器之一。在饱满器型上装饰有旋动结构的纹饰，黑红相间的色彩，有锯齿纹、网纹及鱼、贝、人、蛙等的纹样。尤以锯齿螺旋纹、波浪纹、锯齿纹最为典型。借助线条的粗细变化、旋转而连续的结构，使几个圆圈一反一正，互相背靠，互相联结，有前呼后应、鱼贯而行、连绵不断的效果，显示一种融合的气势。此时，作为水器的彩陶壶，其腹部最大限度地膨大，近于球形，这样又增加了盛水量。这种造型的彩陶壶，在俯视时能看到以口部为中心而展开的圆形填充图案。在平视时腹部图案则填充在半圆形里。半山陶工杰出地处理了纹饰与器形的关系，在俯视和平视彩陶壶时，都能看到美丽的纹饰，显示出立体设计的卓越才能。如新石器时代晚期马家窑文化彩陶涡形菱格纹壶（图录29：43-12），膨圆的上腹处用红黑彩绘出旋涡纹，并饰四圈菱格纹，在旋涡纹与圆圈菱格纹间饰细密的网纹，壶颈处绘网纹，上下呼应。此外还装饰有黑锯齿带和红线带纹。壶口两侧有小附耳，但已衰退变小，没有实用意义，只是象征性的装饰。口沿内用红黑彩绘垂幛纹。这种饰以二方连续的旋纹，平视如飞浪横卷，俯视似巨澜回翻，构成旋动感很强的图案。整器线条流畅，富于变化，色彩饱满，图案繁缛多变但不失其内在线条的凝聚力，装饰图案有着严整的整体设计感，是非常典型的半山类型器物。新石器时代晚期马家窑文化彩陶锯齿带纹双耳壶（图录32：41-22），小口，长颈，宽肩，大腹，双耳。花纹以粗细相等的黑锯齿带纹和红带纹相间绘成，这是半山彩陶纹饰的特点之一。新石器时代晚期马家窑文化彩陶菱格网纹双耳罐（图录45：42-6），用红黑彩绘画粗线框，留白处用黑彩绘网纹，口沿内用红黑彩绘垂幛纹，图案清晰明亮，装饰华丽美观，图案布

局充满设计感，整体风格欢畅而流动。新石器时代晚期马家窑文化彩陶葫芦形网纹双耳壶（图录35：43-16），用红黑彩绘画葫芦形网纹，同时绘画锯齿带和红带纹。线条流畅，造型圆浑，纹饰与器型具和谐统一的整体感。总的来看，半山类型彩陶造型丰富美观、形体饱满，器表打磨更为光滑，并灵活运用点、线、面平涂技法勾画出多姿多彩的纹饰。巧妙地将几何图形与抽象而夸张的纹饰进行有机结合，传达出先民对生活的赞美以及追求美感的炽热情感。

（三）马厂类型 距今约四千年。器类虽基本沿袭半山类型，但有许多变化和创新，以多样化的表现手法进一步丰富了彩陶艺术。彩陶形制中的双肩耳小罐更为普遍。此时出现了器身施红色、白色陶衣，上面再绘黑色、红色花纹的彩绘方法，以及以两条黑线合镶一条红线的复合线来表现的绘画方法。马厂类型彩陶纹饰有四大圆圈纹、变体蛙纹、波折纹、回形纹、卦形纹、菱格纹、三角纹等。其中四大圆圈纹和变体蛙纹为马厂类型的重要特征。半山类型连续的旋涡纹逐渐演变成四大圆圈纹，随后把四圈纹减成两圈纹，在另外两侧绘能够战胜水患、保护土地的蛙神纹，而蛙神人纹的画法多样，有抽象和解体重组的画法。如新石器时代晚期马家窑文化彩陶变体蛙纹壶（图录70：42-15），颈与腹部间用红黑彩绘变体蛙纹。蛙纹是反映原始先民图腾崇拜的纹饰之一，是中国母系氏族社会文化遗存中的第二种基本纹样。蛙的繁殖力超强，先民们将其作为图腾崇拜，表达了对繁衍发展、繁荣昌盛的渴求与期盼。此器的蛙纹已完全被解体，变成抽象的带有爪指涡卷式变体蛙纹。这种由具象演变为抽象的图纹，更富于装饰性，使主题花纹简明突出、一目了然。新石器时代晚期马家窑文化彩陶四圈"十"字纹双耳壶（图录52：43-1），双耳上部以红黑彩绘大圆圈"十"字纹，双耳下以黑彩绘垂幛纹。旋涡纹完全演变成四大圆圈纹。新石器时代晚期马家窑文化彩陶菱形网纹双耳罐（图录125：43-130），绘双线菱形纹，填充以数百条平行的竖线、横线组成的网纹，显示出精准的绘制技艺。菱形纹和网纹之间露出几何状的陶地，形成了多层次的变化；新石器时代晚期马家窑文化人面钮器盖（图录180：41-31）。器盖被捏塑成一人面状，口微张，目、鼻、耳显著，面部清秀，颇似少女。盖钮塑成人首形，构思巧妙，技法娴熟。整体造型憨直可掬，有一种纯朴和稚拙的情趣，为马家窑文化罕见的雕塑艺术品。马厂类型的彩陶绘画技法粗犷豪放、大胆雄浑，类似于写意画，从某种程度上可以说马厂类型的彩陶纹饰是中国写意画的源头。

二、齐家文化

距今约四千年，主要分布在黄河上游的广大地区。该文化是承袭马家窑文化发展起来的一种新石器时代晚期文化，是一种以素陶为主的文化。陶质有泥质橙黄陶和红陶，还有部分灰陶。一些器物的表面施以白色陶衣。陶质细腻，制作工艺比较精致。典型器物有双耳罐、盘、鬲、盆、镂孔圈足豆等，其中以双耳罐和高领双耳罐最富特色。器表纹饰有篮纹、绳纹、锥刺纹、划纹。彩绘纹饰主要是用黑、红彩绘制，以正倒相间三角纹、菱格纹、回纹、凹凸纹和网纹为主。花纹造型以直线和三角形块组成，因此具有严正和锐利的风格。在42件属齐家文化的陶器中，大多以单耳或双耳素身红陶罐为主。如新石器时代晚期齐家文化高领折肩双耳红陶壶（图录185：43-296）、新石器时代晚期齐家文化素身单耳红陶罐（图录187：43-272）与新石器时代晚期齐家文化素身单耳红陶壶（图录187：42-129）都是非常典型的齐家文化器型；新石器时代晚期齐家文化素身单耳红陶罐（图录189：43-279）与新石器时代晚期齐家文化绳纹双耳小陶罐（图录199：42-141），这两件器物表面拍印有菱格纹、绳纹；新石器时代晚期齐家文化鸮面单柄陶罐（图录200：42-144），罐的一侧面捏制成鸮面纹，形象简洁生动，形神兼备，造型极富趣味性。

三、辛店文化

距今约三千年，分布于我国西北的甘肃、青海地区，可分为姬家川、张家咀和唐汪三个类型。胎体为夹砂陶，质地较粗糙，火候较低。彩与陶胎结合不紧密，易脱落。有的加黄色陶衣，平整精致。辛店文化彩陶中有不同的花纹特征与组合形式，常见的纹饰有宽带纹、双钩纹、三角纹、折线纹、涡形纹、"十"字纹、S纹等。最具代表性的纹饰是用黑彩绘的由羊角纹演变而来的双钩纹与太阳纹的组合纹饰，以此来展示太阳往复，寒热相对、互为依存的寓意。如新石器时代晚期辛店文化彩陶双勾纹双耳罐（图录202：43-197），此罐器腹黑彩绘双钩纹，造型简单，图案线条粗犷，是姬家川类型和张家咀类型彩陶的代表性的花纹；新石器时代晚期辛店文化彩陶涡纹单耳罐（图录202：42-93），此器器表施橙红陶衣，上绘四方连续涡纹。笔法流畅，纹饰有很强的动感。

四、四坝文化

距今约三千多年。分布于河西走廊的中段和西段,四坝文化不仅把内地文化与新疆一带的文化联结一起,而且四坝文化对新疆地区这一时期之后的彩陶文化有很大影响,因此四坝文化在东西文化交流中起着重要的作用。该文化既有马厂类型和齐家文化的因素,又有自身的特点。胎体除个别比较精细外,整体比较粗糙。纹饰多以直线、斜线、三角组成几何花纹。如新石器时代晚期四坝文化彩陶锯齿纹双耳罐(图录 204:43-44),造型小巧,直线和锯齿带组成的图案满布器身,图案静中有动,富有生气。

中国彩陶艺术是中国现存原始艺术的重要组成部分,它是最早把彩绘图案与造型结合起来的美术工艺,反映了中国上古时期各部族丰富多彩的文化面貌,并且在历史的进程中,各部族的文化相互影响。中国彩陶对研究传统艺术的发展源流问题提供了大量的实物资料。本图录所收录的彩陶器虽只是我国伟大的彩陶文化宝库中的吉光片羽,但足以令人感受到彩陶艺术健康淳朴的风格、浓郁深厚的生活气息、精湛洗练的处理手法以及其强烈的艺术感染力。

西汉南越王博物馆馆藏史前彩陶的初步认识

李光辉

从陶器出现到彩陶诞生，历时千年，在此期间，人类通过不断的摸索与反复的实践，终于在认识天然矿物颜料特性与掌控烧陶温度技能的基础上，成功烧制出彩陶。可以说，彩陶是史前先民劳动与智慧的结晶。

1993年，我馆接收一批由香港海关查获的彩陶，共计485件。经专家鉴定，这批彩陶大多属于新石器时代晚期遗存，包含马家窑文化、齐家文化、辛店文化和四坝文化等类型。鉴于这批彩陶既丰富了我馆的藏品种类，又为我们认识和研究彩陶提供了珍贵的实物材料，而此前并无专门的研究，故本文拟介绍下这批彩陶的情况，以供后来者做深入研究之用。

一、马家窑文化

属于马家窑文化的彩陶共有308件，其中，属于马家窑类型的有1件，属于半山类型的有27件，属于马厂类型的有280件。主要器类有双耳壶、单耳或双耳罐，还有盆、钵等。

（一）马家窑类型

本批彩陶中，属于马家窑类型的彩陶只有1件。这件彩陶壶为泥质土黄陶，分上下两部分，上部为钵、下部为双钮耳罐。束腰。装饰上，上部的钵体用大面积的黑彩来装饰内外壁，与陶地形成鲜明的对比；下部的陶罐外壁也采用相同的手法，几何形图案与变体鸟纹图案结合，初显马家窑文化彩陶装饰风格之绚丽。

（二）半山类型 属于半山类型的器物，多为泥质土黄陶和泥质红陶；器型浑圆饱满，以双耳壶为主，其次是双耳或单耳的罐，还有少量的盆和钵；器体打磨光滑，胎体轻薄；纹饰疏密得当，以黑色锯齿带纹与红色带纹组合，勾画出涡纹、葫芦网纹、四大圆圈纹等。出现频率较高的纹样还有菱格纹、波折纹、波纹等。

1. 锯齿纹

锯齿纹广泛地应用于半山类型器物的装饰，既有锯齿带纹、锯齿网纹，也有装饰在葫芦网纹之间的黑大锯齿带。在这批彩陶中，含有锯齿纹因素的器物有8件，锯齿纹均以黑彩描绘。其中，以锯齿纹为主纹的有4件，3件为锯齿带纹，1件为锯齿网纹。

2. 涡纹

这种纹样的器物共2件，均为双耳彩陶壶。其中1件的腹部用大面积黑色衬出橙黄色陶地的涡纹，涡心较大，内部填充"十"字纹，与四大圆圈纹相近；另1件是以黑色锯齿带纹与红色带纹构成的复合涡纹，黑红色彩交相辉映，跌宕起伏、千回百转。

3. 葫芦网（格）纹

葫芦网纹是半山类型的典型纹饰之一，在这批彩陶中也有4件葫芦网纹的器物，均为彩陶壶，其中，3件为双耳，1件为单耳。葫芦网纹饰于肩腹部，共6组，相互对称；以红彩绘出束腰葫芦的轮廓，在外侧绘黑色锯齿带纹，葫芦内填细密的网格纹，颇具视觉美感。

4. 四大圆圈纹

在这些半山类型的彩陶中，有5件以圆圈纹装饰的器物，除1件圆圈网格纹双耳彩陶罐外，其余均为四大圆圈纹双耳彩陶壶。这4件陶壶以红彩绘制相连的四大圆圈，有的在红圈外以黑彩绘圆圈及带纹，红圈内填充各种各样的几何纹样，有网格纹、菱格纹、"十"字纹等。其中1件陶壶在耳下装饰有一周垂幛纹，另有1件四圈菱格纹双耳壶的圆圈间填圆点纹与编织纹。

（三）马厂类型 新石器时代晚期，彩陶演变为权力与财富的象征，这一时期的随葬彩陶数量急剧增加。马厂类型的器物共280件，约占这批彩陶总数的58%。这280件器物多为泥质土黄陶，其中，双耳或单耳罐占绝大多数，此外，还有少量的壶、瓮、钵或盆等；纹饰以菱形纹（菱格纹）、波折纹、四大圆圈纹和圆圈网格纹为主，还有蛙肢纹、几何纹、锯齿纹等纹样，

是这批彩陶中纹样最为丰富的一个类型。

1. 菱形纹

以黑彩描绘的菱形纹是马厂类型器物中最为常见的装饰，这种纹样可细分为三种：一种是单纯的菱形纹，即在器物表面以线条描绘醒目的菱形，以二方连续的形式排列；一种是在所绘菱形内填充细密的网格纹，称为菱形网纹，这种纹样的器物数量也最多，此二者的菱形纹皆作为主纹应用在器物的装饰上；还有一种是菱格纹，它作为辅助纹样，以二方连续或四方连续的方式排列，构成的图案繁而不乱，疏密得当。

装饰有菱形纹的器物，陶质以泥质土黄陶和泥质红陶为主，还有少量泥质橙黄陶；器型多为双耳彩陶罐，还有少量单耳彩陶罐。双耳罐有两种形制：一种是双颈耳罐，扁腹微垂，主体纹饰位于腹部；另一种是双腹耳罐，主体纹饰在器中上部，器体瘦长。

2. 方折纹和回纹

方折纹与回纹均属于一种具有折角的纹样，在马厂类型彩陶中常有见到。在馆藏彩陶中也有一定数量的方折纹和回纹器物，以双颈耳罐为主；泥质土黄陶居多，还有少量的泥质红陶和泥质橙黄陶；以单彩或红黑双彩并用以及复线网纹绘制的方折纹和回纹，纹样规整醒目，展现出工匠精细的绘制技术。

3. 波折纹

在这些马厂类型的器物中，波折纹器物的数量仅次于菱形纹。不同于方折纹的折线呈直角，一正一背，波折纹的折线一般绘在两条带之间，构成了若干正倒相错的三角形空间，有的器物还在空间内填充几何图案，使画面更为充盈。

这些饰有波折纹的器物以双颈耳罐居多，还有少量的碗、盆；以泥质土黄陶为主，还有泥质红陶、夹砂灰陶等；主体纹饰多以黑红两彩绘于器腹或是用露陶地的方式表现。虽然构图元素简洁，但装饰效果极佳，颇能展现匠工纯熟的技艺。

4. 四大圆圈纹和圆圈网格纹

马厂类型的四大圆圈纹承继半山类型而来，圆圈在此时已经成为图案的主体，四个圆圈之间的填充纹饰由"入"字形变为"人"字形；圆圈内填充的纹样变化多样，以网格纹为基本单位，有的大圆圈内套若干的小圆圈，层层相连，还有的在圆圈内以"十""卍""回"等几何图案配合

网格纹，构成复合图案。装饰有四大圆圈纹的器物多为双耳壶和罐，器体瘦高，纹样装饰集中在器腹中上部，主体图案下缘常饰有一周垂幛纹，疏密有致，简洁明快。

除四大圆圈纹外，圆圈网格纹器物也较多，一般为双耳罐，圆圈网格纹多见于腹部，其腹扁圆微垂，与装饰有四大圆圈纹的双耳罐迥然不同，也有将此纹样同时应用于颈、腹部的情况，两排网格纹上下呼应、协调一致；罐的颈部较长，饰有菱形网纹、三角纹、锯齿纹、带纹等图案。整器构图规整，井井有条。

5. 蛙肢纹

蛙纹是马厂类型中的常见纹样，也被称为人形纹或神人纹。这批马厂类型的器物中有9件绘有蛙肢纹或变形蛙纹，这种蛙纹以黑红两彩描绘的蛙肢或带趾的三角折线来表示，构图趋向几何化，折线与肢爪的结合使画面更为美观；陶质为泥质土黄陶；器型以壶为主，还有少量的罐和瓮；双耳，除个别器物，其余均为腹耳；纹样多装饰在器腹中上部，另有1件双颈耳陶罐，蛙肢纹绘于器内。

6. 锯齿纹

锯齿纹在马厂时期已不常使用，但在这批彩陶中仍有一定数量的锯齿纹器物，多为双颈耳彩陶罐，还有1件彩陶豆；陶质为泥质土黄陶；多以黑彩露陶地的方式来表现锯齿纹带，此时的锯齿纹十分细密，一层层平行的锯齿纹，密密匝匝、排列整齐，视觉效果极佳。

7. 连弧纹

马厂类型的器物中有一种辅助纹饰广泛使用在壶、罐等的口部和腹部，一般饰于口沿内外或主体图案的下沿，有人称之为连弧纹，也有人称之为垂幛纹，这种纹饰有时也作为主体纹饰多层连续使用，使器物装饰图案密集繁复，色彩鲜艳。

8. 贝纹

马厂类型的器物广泛使用贝纹，这批彩陶中也有2件双颈耳彩陶罐饰有贝纹。泥质土黄陶；腹部以露陶地的方式表现贝形，辅以锯齿纹、菱形网纹等，使器物图案更为精致、美观。

二、齐家文化

齐家文化的陶器造型优美，类型众多，弧形大耳是其显著的特征，彩陶数量不多。这批馆藏

彩陶中属于齐家文化的器物共 42 件，多为泥质细红陶；器型以罐为主，还有少量的壶，带耳器较多；器表多素面磨光，另有少量器物装饰有波折纹、刻划纹、绳纹等纹样。

与素面器物不同，饰有回纹、波折纹、刻划纹及绳纹的器物颈较短，因此耳部（在素身器物上的口沿与肩相连的錾部）不似素身器物那般夸张。回纹、波折纹等几何形纹饰主要出现在器腹部，以三角网纹双耳罐（图录 198：43-182）为例，在肩、腹部两条带纹之间，绘有波折纹，二者共同构成的三角形空白处，细密的网格纹巧妙的镶嵌其中，显现出娴熟的彩绘技法。

三、辛店文化

这批彩陶中属于辛店文化的彩陶数量不多，仅 2 件，均为罐。1 件为单耳，腹部饰有 4 个红黑双彩的连续涡形纹，构图简洁生动，具有强烈的感染力。1 件为双耳，以黑彩描绘双钩纹，这种纹样以条带构成的类似羊角形状，虽然彩与胎结合不紧密，多处剥落，线条简洁，但无碍其为器物所增添的华彩。

四、四坝文化

四坝文化在彩陶整体衰落时期异军突起，彩陶数量达陶器总数的一半以上。此时的彩陶以黑彩居多，辅以红彩，流行紫红色陶衣，造型奇特，如靴形双耳彩陶罐、双矛形钮盖四耳彩陶罐等，在其他文化中少见或不见。

馆藏彩陶中属于四坝文化的数量较少，仅 1 件。这件双耳彩陶罐为泥质土黄陶，使用以黑彩描绘的锯齿纹，间填红彩，纹饰规整。

五、小结

综前所述，不难看出，在我馆馆藏的这批彩陶中，属于马家窑文化的器物数量最多，装饰也最为精美，尤以马厂类型为甚，而齐家文化、辛店文化和四坝文化的器物虽然数量上不及马家窑文化，但也不乏精品。彩陶以泥质黄陶和红陶为主，还有少量夹砂陶；器型多为带耳器，其中，双耳罐、双耳壶是大宗，还有一定数量的单耳罐、瓮、壶以及少量的盆、碗、钵等；除齐家文化有较多素面磨光器外，彩陶器内外多装饰有精美的纹样，多以黑彩描绘，网格、锯齿是最常见的

元素，四大圆圈纹、圆圈网纹、葫芦网纹、锯齿纹、菱形纹等图案使用频率极高，还有量少而精的蛙纹、贝纹、回纹、双钩纹等，黑彩在或红或橙的陶地上描绘出生动的图案，平视与俯视这些纹样往往带来不同的审美感受。

如果说器型的不同更多地取决于器物的用途，那么纹样则更多地表现出当时的制陶水平与先民的审美观念。彩陶的纹样一种是像生，即表现动物、植物、人物或自然景物的纹样，如蛙纹、鸟纹等，一种是几何纹样，如圆形、菱形、三角形等，还有一种是运用组合手法，将两种纹样组合在一起，构成复合图案。这批彩陶多用对比、分割等方式来表现图案，如疏与密、方与圆、色彩的明与暗、运动与静止、繁复与简洁的对比，或是以条带、锯齿等将整体画面分割为几部分，使图案规整，繁而不乱。

在器物装饰上，除以黑红两彩描绘纹样外，也不乏使用镂刻、附加堆塑、捏塑、刻划等手法。这些装饰也反映出先民的认知与思想，学界对彩陶纹样的研究从未停止，对于其象征意义的理解也不尽相同，如蛙纹，有学者认为它象征着女性的生殖器官——子宫[1]，有生殖崇拜之意，也有学者认为蛙纹中间一直保留的"竖直一道"是男性的象征，这种通过抽象手法增强对男性的崇拜，是男性取得绝对的社会主体地位、父系氏族社会步入正轨的结果[2]。由此观之，对纹样内涵的释读虽然有一点答案，但又存在一些不可解释的因素，甚至含有自相矛盾的成分，但是，相信随着更多材料的出土，更多学者的加入，终会有更深入的研究成果出现。

彩陶作为先民造型艺术与装饰艺术的尝试，其上有着历史的年轮，显现着史前艺术演进的轨迹。而我馆馆藏的这批彩陶，由于其来源的特殊性，出土地点未知，包含的器类、纹样有限，在此之前亦无人进行专门的研究，因此本文简单地介绍了馆藏彩陶的情况，以方便其他学者利用这批材料从历史、科学、艺术等角度来进行研究，探讨当时人们认识自然、利用自然的程度，以期增进对新石器时代科技与生产力发展水平的了解。

---

[1] 赵国华：《生殖崇拜文化初论》，中国社会科学出版社1990年版。
[2] 段小强：《马家窑文化彩陶蛙形纹饰新解》，《兰州学刊》2009年第9期。

参考文献

[1] 甘肃省博物馆.甘肃彩陶[M].北京：文物出版社，1979.

[2] 青海省文物考古队.青海彩陶[M].北京：文物出版社 1980.

[3] 朗树德，贾建威.遥望星宿——甘肃考古文化丛书（彩陶）[M]．兰州：敦煌文艺出版社 2004.

[4] 朗树德.甘肃彩陶研究与鉴赏[M].兰州：甘肃人民美术出版社，2012.

[5] 李学武.河湟陶韵——青藏高原大自然博物馆彩陶瑰宝[M.]北京：民族出版社 2014.

[6] 陈思贤.甘肃、青海彩陶器上的蛙纹图案研究[J].内蒙古师大学报：哲学社会科学版，1983（3）.

[7] 蒋书庆.彩陶锯齿纹试解[J].美术，1985（12）.

[8] 如鱼.蛙纹与蛙图腾崇拜[J].中原文物，1991（2）.

[9] 李智信.关于马厂类型四大圆圈纹与蛙纹的几点看法[J].考古与文物，1995（4）.

[10] 张晓梅.中国新石器时代彩陶纹饰研究[J].常熟理工学院学报，2008（5）.

[11] 张凯.新石器时代彩陶鱼蛙纹饰之研究[D].重庆：重庆师范大学，2010.

[12] 曹君.浅议马家窑文化彩陶纹样[J].江苏陶瓷，2012（4）.

[13] 袁波文.四坝文化彩陶研究[J].黑龙江史志，2015（5）.

[14] 赵光国.没落时期的齐家文化彩陶[J].中国民族博览，2015（12）.

第二部分 图录

马家窑文化

红土黑彩——西汉南越王博物馆馆藏彩陶

20

马家窑类型

新石器时代晚期马家窑文化彩陶—
束腰壶（42-7）

半山类型

马家窑文化

新石器时代晚期马家窑文化彩陶——
涡纹双耳壶（43-17）

红土黑彩
——西汉南越王博物馆馆藏彩陶

22

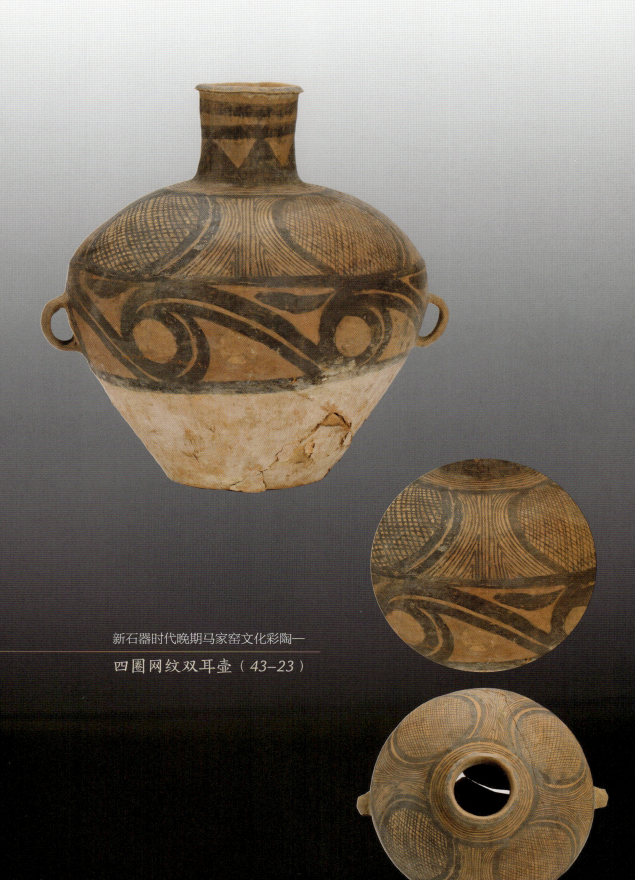

新石器时代晚期马家窑文化彩陶——
四圈网纹双耳壶（43-23）

马家窑文化

新石器时代晚期马家窑文化彩陶—
涡纹双耳壶（42-10）

红土黑彩——西汉南越王博物馆馆藏彩陶

24

新石器时代晚期马家窑文化彩陶一

涡纹双耳壶（调-0029）

马家窑文化

25

新石器时代晚期马家窑文化彩陶一
涡纹双耳壶（调-0022）

新石器时代晚期马家窑文化彩陶——

四圈"十"字网纹双耳壶（43-19）

新石器时代晚期马家窑文化彩陶—
涡形菱格纹双耳壶（43-13）

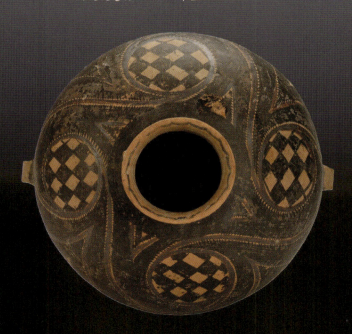

马家窑文化

红土黑彩——西汉南越王博物馆馆藏彩陶

28

新石器时代晚期马家窑文化彩陶—
涡形菱格纹双耳壶（43-18）

新石器时代晚期马家窑文化彩陶—

涡形菱格纹壶（43-12）

马家窑文化

红土黑彩——西汉南越王博物馆馆藏彩陶

30

新石器时代晚期马家窑文化彩陶——
四圈菱带纹双耳壶（43-15）

新石器时代晚期马家窑文化彩陶—
四圈"卐"字纹双耳壶（43-21）

红土黑彩——西汉南越王博物馆藏彩陶

新石器时代晚期马家窑文化彩陶——
锯齿带纹双耳壶（41-22）

马家窑文化

33

新石器时代晚期马家窑文化彩陶—
锯齿纹双耳壶（42-89）

红土黑彩——西汉南越王博物馆馆藏彩陶

34

新石器时代晚期马家窑文化彩陶——
锯齿网纹单耳罐（41-11）

马家窑文化

35

新石器时代晚期马家窑文化彩陶—
葫芦形网纹双耳壶（43-16）

新石器时代晚期马家窑文化彩陶—

葫芦形网纹双耳壶（43-22）

新石器时代晚期马家窑文化彩陶——
葫芦形网纹双耳壶（43-26）

红土黑彩——西汉南越王博物馆馆藏彩陶

38

新石器时代晚期马家窑文化彩陶—

葫芦形网纹双耳壶（42-8）

新石器时代晚期马家窑文化彩陶—
葫芦形网纹单耳罐（43-27）

马家窑文化

39

红土黑彩——西汉南越王博物馆馆藏彩陶

40

新石器时代晚期马家窑文化彩陶一

菱带纹双耳壶（43-11）

新石器时代晚期马家窑文化彩陶一

菱带纹双耳壶（43-2）

红土黑彩——西汉南越王博物馆馆藏彩陶

42

新石器时代晚期马家窑文化彩陶一

菱格纹双耳壶（43-14）

新石器时代晚期马家窑文化彩陶—
锯齿纹双耳罐（42-25）

红土黑彩——西汉南越王博物馆馆藏彩陶

44

新石器时代晚期马家窑文化彩陶—
菱格纹双耳罐（43-145）

马家窑文化

45

新石器时代晚期马家窑文化彩陶—

菱格网纹双耳罐（42-6）

红土黑彩
——西汉南越王博物馆馆藏彩陶

46

新石器时代晚期马家窑文化—
素身带状堆塑纹双耳小陶罐（42-132）

新石器时代晚期马家窑文化—
素身篦纹单耳陶罐（42-130）

马厂类型

马家窑文化

47

新石器时代晚期马家窑文化彩陶—
旋纹鸟形壶（42-2）

红土黑彩——西汉南越王博物馆馆藏彩陶

48

新石器时代晚期马家窑文化彩陶一

旋纹鸟形壶（42-1）

马家窑文化

49

新石器时代晚期马家窑文化彩陶—
圆圈网纹双耳罐（41-15）

红土黑彩
——西汉南越王博物馆馆藏彩陶

50

新石器时代晚期马家窑文化彩陶一

圆圈网纹双耳罐（42-37）

马家窑文化

新石器时代晚期马家窑文化彩陶——
"十"字几何纹双耳罐（41-4）

红土黑彩——西汉南越王博物馆馆藏彩陶

52

新石器时代晚期马家窑文化彩陶一

四圈"十"字纹双耳壶（43-1）

新石器时代晚期马家窑文化彩陶一

四圈"十"字纹双耳壶（43-6）

红
土
黑
彩

——
西
汉
南
越
王
博
物
馆
馆
藏
彩
陶

54

新石器时代晚期马家窑文化彩陶一

"十"字纹双耳盆（41-1）

马家窑文化

55

新石器时代晚期马家窑文化彩陶—
"十"字纹钵（41-8）

红
土
黑
彩
——
西
汉
南
越
王
博
物
馆
馆
藏
彩
陶

56

新石器时代晚期马家窑文化彩陶—
四圈网纹双耳壶（43-7）

新石器时代晚期马家窑文化彩陶一

四圈网纹双耳壶（43-8）

红陶黑彩
——西汉南越王博物馆馆藏彩陶
58

新石器时代晚期马家窑文化彩陶一

六圈网纹盆（43-224）

新石器时代晚期马家窑文化彩陶—
六圈网纹双耳罐（43-52）

马家窑文化

59

红土黑彩——西汉南越王博物馆馆藏彩陶

60

新石器时代晚期马家窑文化彩陶——
圆圈网纹双耳罐（43-41）

新石器时代晚期马家窑文化彩陶—
圆圈网纹双耳罐（43-49）

红土黑彩——西汉南越王博物馆馆藏彩陶

62

新石器时代晚期马家窑文化彩陶一

圆圈网纹双耳罐（43-73）

马家窑文化

63

新石器时代晚期马家窑文化彩陶一

圆圈网纹双耳罐（43-84）

红
土
黑
彩
——
西
汉
南
越
王
博
物
馆
馆
藏
彩
陶

64

新石器时代晚期马家窑文化彩陶一

圆圈网纹双耳罐（41-10）

新石器时代晚期马家窑文化彩陶—
圆圈网纹双耳罐（43-196）

红土黑彩——西汉南越王博物馆馆藏彩陶

66

新石器时代晚期马家窑文化彩陶—
圆圈网纹单耳壶（43-232）

马家窑文化

新石器时代晚期马家窑文化彩陶一

圆圈"卍"纹单耳罐（43-126）

红土黑彩
——西汉南越王博物馆馆藏彩陶

68

新石器时代晚期马家窑文化彩陶——
四圈方格纹双耳壶（43-3）

新石器时代晚期马家窑文化彩陶——
四圈方格纹壶（调-0026）

红土黑彩——西汉南越王博物馆藏彩陶

新石器时代晚期马家窑文化彩陶一

变体蛙纹壶（42-15）

马家窑文化

71

新石器时代晚期马家窑文化彩陶一

蛙纹双耳壶（调–0019）

红土黑彩——西汉南越王博物馆馆藏彩陶

72

新石器时代晚期马家窑文化彩陶—

蛙纹壶（调-0034）

马家窑文化

73

新石器时代晚期马家窑文化彩陶—

蛙纹壶（调-0016）

红土黑彩——西汉南越王博物馆馆藏彩陶

74

新石器时代晚期马家窑文化彩陶——

蛙纹双耳罐（43-36）

马家窑文化

75

新石器时代晚期马家窑文化彩陶一

八卦纹钵（42-97）

红土黑彩——西汉南越王博物馆馆藏彩陶

76

新石器时代晚期马家窑文化彩陶——
连弧纹双耳罐（41-13）

马家窑文化

新石器时代晚期马家窑文化彩陶—
连弧纹钵（43-237）

红
土
黑
彩

——
西汉南越王
博物馆馆藏彩陶

78

新石器时代晚期马家窑文化彩陶——
连弧纹双耳罐（43-190）

马家窑文化

新石器时代晚期马家窑文化彩陶——
连弧纹双耳罐（42-75）

新石器时代晚期马家窑文化彩陶—
连弧纹双耳罐（43-76）

新石器时代晚期马家窑文化彩陶—
连弧纹双耳罐（42-72）

马家窑文化

81

新石器时代晚期马家窑文化彩陶—
变体鱼纹双耳钵（43-248）

红土黑彩
——西汉南越王博物馆馆藏彩陶

82

新石器时代晚期马家窑文化彩陶——
锯齿纹双耳罐（43-102）

新石器时代晚期马家窑文化彩陶—
锯齿纹双耳罐（43-187）

红
土
黑
彩
——
西
汉
南
越
王
博
物
馆
馆
藏
彩
陶

84

新石器时代晚期马家窑文化彩陶——
锯齿纹双耳罐（43-113）

新石器时代晚期马家窑文化彩陶—

锯齿纹双耳罐（43-219）

红土黑彩——西汉南越王博物馆馆藏彩陶

86

新石器时代晚期马家窑文化彩陶—
锯齿纹双耳罐（42-19）

新石器时代晚期马家窑文化彩陶—

锯齿纹双耳罐（42-36）

红土黑彩——西汉南越王博物馆馆藏彩陶

88

新石器时代晚期马家窑文化彩陶——
锯齿纹双耳罐（42-65）

马家窑文化

89

新石器时代晚期马家窑文化彩陶—

锯齿纹豆（41-25）

红土黑彩——西汉南越王博物馆馆藏彩陶

90

新石器时代晚期马家窑文化彩陶—

网纹双耳罐（43-217）

马家窑文化

新石器时代晚期马家窑文化彩陶—
网纹双耳罐（43-188）

红土黑彩
——西汉南越王博物馆馆藏彩陶

92

新石器时代晚期马家窑文化彩陶一

网纹双耳罐（43-47）

新石器时代晚期马家窑文化彩陶一

网纹双耳罐（43-155）

红
土
黑
彩

——西汉南越王博物馆馆藏彩陶

94

新石器时代晚期马家窑文化彩陶—
网纹双耳罐（43-146）

新石器时代晚期马家窑文化彩陶—
网纹双耳罐（43-88）

红土黑彩
——西汉南越王博物馆馆藏彩陶
96

新石器时代晚期马家窑文化彩陶一
网纹豆（43-243）

新石器时代晚期马家窑文化彩陶—
菱形纹双耳罐（43-31）

红土黑彩
——西汉南越王博物馆馆藏彩陶

98

新石器时代晚期马家窑文化彩陶—

菱形纹双耳罐（43-80）

新石器时代晚期马家窑文化彩陶—
菱形纹双耳罐（43-91）

马家窑文化

99

红土黑彩——西汉南越王博物馆馆藏彩陶

100

新石器时代晚期马家窑文化彩陶——
菱形纹双耳罐（43-216）

马家窑文化

101

新石器时代晚期马家窑文化彩陶一

菱形纹双耳罐（42-41）

红土黑彩——西汉南越王博物馆藏彩陶

102

新石器时代晚期马家窑文化彩陶—
菱形纹双耳罐（42-56）

马家窑文化

103

新石器时代晚期马家窑文化彩陶—
菱形纹双耳罐（41-18）

红土黑彩——西汉南越王博物馆馆藏彩陶

104

新石器时代晚期马家窑文化彩陶——
菱形纹双耳罐（41-17）

新石器时代晚期马家窑文化彩陶——
菱形纹双耳罐（41-19）

红土黑彩——西汉南越王博物馆馆藏彩陶

106

新石器时代晚期马家窑文化彩陶—
菱形网纹双耳罐（43-81）

新石器时代晚期马家窑文化彩陶—
菱形网纹双耳罐（43-83）

新石器时代晚期马家窑文化彩陶—
菱形网纹双耳罐（43-116）

红土黑彩——西汉南越王博物馆馆藏彩陶

108

新石器时代晚期马家窑文化彩陶—

菱形纹双耳罐（43-128）

新石器时代晚期马家窑文化彩陶—
菱形网纹双耳罐（43-86）

马家窑文化

109

红土黑彩——西汉南越王博物馆馆藏彩陶

110

新石器时代晚期马家窑文化彩陶——
菱形网纹双耳罐（43-57）

新石器时代晚期马家窑文化彩陶—
菱形网纹双耳罐（43-151）

红土黑彩——西汉南越王博物馆馆藏彩陶

112

新石器时代晚期马家窑文化彩陶—
菱形纹双耳罐（43-198）

新石器时代晚期马家窑文化彩陶—
菱形网纹双耳罐（42-18）

新石器时代晚期马家窑文化彩陶—
菱形网纹双耳罐（42-30）

红土黑彩
——西汉南越王博物馆馆藏彩陶

114

新石器时代晚期马家窑文化彩陶——
菱形网纹双耳罐（42-40）

新石器时代晚期马家窑文化彩陶—

菱形网纹双耳罐（43-110）

红土黑彩——西汉南越王博物馆藏彩陶

116

新石器时代晚期马家窑文化彩陶—
菱形网纹双耳罐（43-109）

新石器时代晚期马家窑文化彩陶—
圆圈网纹双耳壶（42-14）

新石器时代晚期马家窑文化彩陶—
菱形网纹双耳罐（42-39）

红土黑彩
——西汉南越王博物馆馆藏彩陶

新石器时代晚期马家窑文化彩陶—
菱形网纹双耳罐（43-141）

马家窑文化

119

新石器时代晚期马家窑文化彩陶—
菱形网纹单耳罐（43-239）

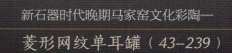

红土黑彩
——西汉南越王博物馆馆藏彩陶

120

新石器时代晚期马家窑文化彩陶—
菱形网纹双耳罐（42-23）

新石器时代晚期马家窑文化彩陶—
网纹双耳罐（43-131）

红土黑彩——西汉南越王博物馆馆藏彩陶

122

新石器时代晚期马家窑文化彩陶—

菱形网纹双耳罐（43-168）

新石器时代晚期马家窑文化彩陶—
菱形纹双耳罐（42-85）

红土黑彩
——西汉南越王博物馆馆藏彩陶

124

新石器时代晚期马家窑文化彩陶——
菱形网纹双耳钵（41-28）

新石器时代晚期马家窑文化彩陶—

菱形网纹双耳罐（43-130）

红土黑彩——西汉南越王博物馆馆藏彩陶

126

新石器时代晚期马家窑文化彩陶—
菱形网纹双耳罐（43-67）

马家窑文化

127

新石器时代晚期马家窑文化彩陶—
菱形网纹双耳罐（41-14）

红土黑彩——西汉南越王博物馆馆藏彩陶

128

新石器时代晚期马家窑文化彩陶—

贝叶纹双耳罐（42-26）

新石器时代晚期马家窑文化彩陶—
贝叶纹双耳罐（42-20）

马家窑文化

红土黑彩
——西汉南越王博物馆馆藏彩陶

130

新石器时代晚期马家窑文化彩陶——
贝叶纹双耳罐（42-52）

新石器时代晚期马家窑文化彩陶——
贝叶纹双耳罐（42-49）

红土黑彩——西汉南越王博物馆馆藏彩陶

132

新石器时代晚期马家窑文化彩陶——
连珠纹双耳罐（43-205）

马家窑文化

133

新石器时代晚期马家窑文化彩陶—
连珠纹双耳罐（43-149）

红陶黑彩——西汉南越王博物馆馆藏彩陶

134

新石器时代晚期马家窑文化彩陶——
连珠纹双耳罐（43-164）

新石器时代晚期马家窑文化彩陶—

小方格纹双耳罐（42-88）

红土黑彩——西汉南越王博物馆馆藏彩陶

136

新石器时代晚期马家窑文化彩陶—
方格纹双耳罐（43-214）

新石器时代晚期马家窑文化彩陶—
折线纹双耳罐（43-194）

红土黑彩
——西汉南越王博物馆馆藏彩陶

138

新石器时代晚期马家窑文化彩陶一
长方格网纹双耳罐（43-59）

新石器时代晚期马家窑文化彩陶——
折线纹双耳罐（43-123）

红土黑彩
——西汉南越王博物馆馆藏彩陶
140

新石器时代晚期马家窑文化彩陶——
直线带纹双耳罐（43-112）

新石器时代晚期马家窑文化彩陶—
带纹双耳罐（43-42）

红土黑彩——西汉南越王博物馆馆藏彩陶

142

新石器时代晚期马家窑文化彩陶——
带纹双耳罐（43-154）

新石器时代晚期马家窑文化彩陶—
带纹单耳壶（43-226）

红土黑彩——西汉南越王博物馆馆藏彩陶

144

新石器时代晚期马家窑文化彩陶—

带纹罐（43-225）

马家窑文化

145

新石器时代晚期马家窑文化彩陶—
"十"字纹豆（41-24）

红土黑彩 —— 西汉南越王博物馆馆藏彩陶

146

新石器时代晚期马家窑文化彩陶—
回纹双耳罐（43-75）

马家窑文化

147

新石器时代晚期马家窑文化彩陶—
回纹单耳杯（43-231）

红土黑彩——西汉南越王博物馆馆藏彩陶

148

新石器时代晚期马家窑文化彩陶一

回纹双耳罐（43-37）

新石器时代晚期马家窑文化彩陶—

回纹双耳罐（42-47）

红土黑彩——西汉南越王博物馆馆藏彩陶

150

新石器时代晚期马家窑文化彩陶一
回纹双耳罐（42-31）

新石器时代晚期马家窑文化彩陶—
回纹双耳罐（43-133）

新石器时代晚期马家窑文化彩陶—
回纹双耳罐（43-252）

红土黑彩——西汉南越王博物馆馆藏彩陶

152

新石器时代晚期马家窑文化彩陶——
回纹双耳罐（42-16）

新石器时代晚期马家窑文化彩陶—
回纹双耳罐（43-174）

红土黑彩
——西汉南越王博物馆馆藏彩陶

154

新石器时代晚期马家窑文化彩陶—
回纹双耳盆（42-96）

马家窑文化

155

新石器时代晚期马家窑文化彩陶—
回形网纹双耳罐（42-12）

红土黑彩——西汉南越王博物馆馆藏彩陶

156

新石器时代晚期马家窑文化彩陶—
回形网纹双耳罐（43-162）

新石器时代晚期马家窑文化彩陶—
几何纹双耳罐（43-175）

马家窑文化

157

新石器时代晚期马家窑文化彩陶—
几何纹豆（42-118）

红土黑彩——西汉南越王博物馆馆藏彩陶

158

新石器时代晚期马家窑文化彩陶—

几何纹单耳壶（43-228）

新石器时代晚期马家窑文化彩陶—
几何纹豆（42-119）

马家窑文化

159

红土黑彩
——西汉南越王博物馆馆藏彩陶
160

新石器时代晚期马家窑文化彩陶—
几何纹双耳罐（42-86）

新石器时代晚期马家窑文化彩陶——
几何纹碗（41-26）

红土黑彩
——西汉南越王博物馆藏彩陶

162

新石器时代晚期马家窑文化彩陶一
三角纹双耳钵（43-227）

马家窑文化

163

新石器时代晚期马家窑文化彩陶—
三角波折纹双耳盆（41-6）

红土黑彩——西汉南越王博物馆馆藏彩陶

164

新石器时代晚期马家窑文化彩陶—

三角纹双耳盆（41-5）

新石器时代晚期马家窑文化彩陶—
波折纹敛口双耳盆（42-9）

马家窑文化

165

红土黑彩
——西汉南越王博物馆馆藏彩陶

166

新石器时代晚期马家窑文化彩陶—
波折纹单耳罐（41-23）

新石器时代晚期马家窑文化彩陶—
波折纹双耳罐（41-9）

红土黑彩——西汉南越王博物馆藏彩陶

168

新石器时代晚期马家窑文化彩陶——
波折纹单耳罐（43-236）

新石器时代晚期马家窑文化彩陶—
波折纹双耳罐（43-51）

新石器时代晚期马家窑文化彩陶—
波折纹双耳罐（42-87）

红土黑彩——西汉南越王博物馆馆藏彩陶

170

新石器时代晚期马家窑文化彩陶—
波折纹双耳罐（43-72）

马家窑文化

171

新石器时代晚期马家窑文化彩陶—
波折纹双耳罐（42-73）

红土黑彩——西汉南越王博物馆馆藏彩陶

172

新石器时代晚期马家窑文化彩陶一

波折纹双耳罐（43-158）

马家窑文化

173

新石器时代晚期马家窑文化彩陶一
波折纹双耳罐（43-65）

红土黑彩——西汉南越王博物馆藏彩陶

174

新石器时代晚期马家窑文化彩陶——
波折纹双耳罐（43-119）

新石器时代晚期马家窑文化彩陶——
波折纹双耳罐（43-64）

新石器时代晚期马家窑文化彩陶—
波折纹双耳罐（43-160）

红土黑彩
——西汉南越王博物馆馆藏彩陶

176

新石器时代晚期马家窑文化彩陶一

方形波纹双耳盆（41-3）

新石器时代晚期马家窑文化彩陶—

网纹双耳罐（43-114）

红土黑彩
——西汉南越王博物馆馆藏彩陶
178

新石器时代晚期马家窑文化彩陶一

网纹单柄壶（42-90）

新石器时代晚期马家窑文化彩陶—
网纹单耳壶（43-233）

新石器时代晚期马家窑文化—

人面钮陶器盖（41-31）

新石器时代晚期马家窑文化—
素身单柄陶罐（43-274）

马家窑文化

181

红土黑彩
——西汉南越王博物馆馆藏彩陶

182

新石器时代晚期马家窑文化—
堆塑宽带纹单耳陶杯（43-280）

齐家文化

红土黑彩
——西汉南越王
博物馆馆藏彩陶

184

新石器时代晚期齐家文化——
素身红陶罐（43-292）

新石器时代晚期齐家文化——
平口高领折肩红陶壶（43-297）

齐家文化

185

新石器时代晚期齐家文化——
高领折肩双耳红陶壶（43-296）

红土黑彩——西汉南越王博物馆馆藏彩陶

186

新石器时代晚期齐家文化一

素身红陶罐（43-294）

齐家文化

187

新石器时代晚期齐家文化—

素身单耳红陶壶（42-129）

新石器时代晚期齐家文化—

素身单耳红陶罐（43-272）

新石器时代晚期齐家文化—

素身单耳红陶罐（43-278）

新石器时代晚期齐家文化—

素身单耳红陶罐（43-282）

齐家文化

189

新石器时代晚期齐家文化—
素身单耳红陶罐（43-281）

新石器时代晚期齐家文化—
素身单耳陶罐（43-279）

新石器时代晚期齐家文化——

素身单耳陶罐（42-131）

新石器时代晚期齐家文化——

素身双耳红陶罐（43-265）

齐家文化

191

新石器时代晚期齐家文化—

素身双耳红陶罐（43-266）

红土黑彩——西汉南越王博物馆馆藏彩陶

192

新石器时代晚期齐家文化—

素身双耳红陶罐（43-270）

新石器时代晚期齐家文化—

素身双耳红陶罐（43-271）

齐家文化

新石器时代晚期齐家文化—
素身双耳红陶罐（42-127）

红土黑彩——西汉南越王博物馆馆藏彩陶

194

新石器时代晚期齐家文化—
素身双耳黑陶罐（43-264）

新石器时代晚期齐家文化—
素身灰陶罐（43-291）

新石器时代晚期齐家文化彩陶—
菱形网纹单耳壶（43-210）

红土黑彩——西汉南越王博物馆馆藏彩陶

196

新石器时代晚期齐家文化彩陶—
回纹双耳罐（43-138）

新石器时代晚期齐家文化彩陶—
三角纹双耳罐（43-115）

红
土
黑
彩
——
西
汉
南
越
王
博
物
馆
藏
彩
陶

新石器时代晚期齐家文化彩陶——

三角网纹双耳罐（43-182）

新石器时代晚期齐家文化—
刻划瓜棱纹单耳陶罐（43-275）

新石器时代晚期齐家文化—
绳纹双耳小陶罐（42-141）

红土黑彩——西汉南越王博物馆馆藏彩陶

200

新石器时代晚期齐家文化—

鸮面单柄陶罐（42-144）

辛店文化

红土黑彩——西汉南越王博物馆馆藏彩陶

202

新石器时代晚期辛店文化彩陶——
双勾纹双耳罐（43-197）

新石器时代晚期辛店文化彩陶——
涡纹单耳罐（42-93）

四坝文化

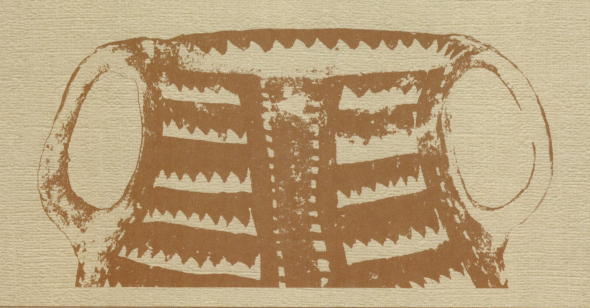

红土黑彩
——西汉南越王博物馆馆藏彩陶

204

新石器时代晚期四坝文化彩陶—
锯齿纹双耳罐（43-44）

第三部分 器物说明

马家窑文化—马家窑类型

实物	名　称	尺　寸	特征描述	页码
	新石器时代晚期马家窑文化彩陶—束腰壶（42-7）	高22厘米，腹径20.5厘米，口径16.8厘米。	泥质红陶。由上部为敛口、深腹略鼓的陶钵与下部为敛口、鼓腹、平底、双钮耳的陶罐连接而成。上部钵体内外及下部陶罐均用大面积黑色衬出陶地的由弧线、平行线、斜线、圆形十字圆点组成的几何纹图案，圆点和月牙形的弧线组成变体侧面鸟纹图案。造型奇特，装饰风格清丽雅致，为马家窑文化彩陶中罕见的一件精品。	20

马家窑文化—半山类型

实物	名　称	尺　寸	特征描述	页码
	新石器时代晚期马家窑文化彩陶—涡纹双耳壶（43-17）	高38.5厘米，腹径34.5厘米，口径10.2厘米，底径15厘米。	泥质红陶。卷唇，长直颈，鼓腹，双耳。黑彩。颈部绘平行线纹，下接五弦线纹。颈肩相交处绘六个相连的黑彩椭圆，椭圆中露陶地竖线纹。腹部用大面积黑彩衬出红色陶地的连续旋涡纹，呈现出漩涡旋转的磅礴之势。整体构图熟练、纹饰设计动感强烈、线条流畅生动，且在黑彩中露出陶地为阴纹的表现手法，使得图案对比强烈、醒目。	21
	新石器时代晚期马家窑文化彩陶—四圈网纹双耳壶（43-23）	高46.5厘米，腹径36厘米，口径10.6厘米，底径15.5厘米。	泥质红陶。卷唇，长直颈，双耳。黑彩。颈部两周宽带纹和锯齿纹。肩部弧圈纹内填充细密网纹，圆圈间绘精细复道线纹。腹部的连续旋转涡纹呈现出重复律动的视觉效果，增强了旋动的感觉。	22
	新石器时代晚期马家窑文化彩陶—涡纹双耳壶（42-10）	高22.5厘米，腹径19.5厘米，口径8厘米，底径7.5厘米。	泥质红陶。卷唇，长直颈，双耳。颈部顶端附对称鸡冠形义耳，中穿。颈部饰常见于半山类型晚期彩陶颈部的锯齿纹。腹部的连续红黑涡纹，是以黑带镶锯齿纹带构成的复合纹样。该器纹饰绘制工艺精细，彩纹鲜艳，显示出繁茂华丽的艺术特色。	23
	新石器时代晚期马家窑文化彩陶—涡纹双耳壶（调-0029）	高30厘米，腹径37厘米，口径18厘米，底径11.6厘米。	泥质橙红陶。侈口，短颈，鼓圆腹，小平底。腹部两侧有半环耳。黑红彩。口沿饰连弧纹，肩与腹部以二方连续旋纹为图案骨式，旋纹上下并行着多道黑、红色相间的锯齿旋线，增强了波浪纹的动势。	24

	新石器时代晚期马家窑文化彩陶—涡纹双耳壶（调-0022）	高41.5厘米，腹径37.6厘米，口径9.6厘米，底径13.8厘米。	泥质橙红陶。小直口，长颈，斜肩，圆腹，小平底。腹部两侧有半环耳。黑红彩。腹部的二方连续红黑涡纹，是以黑带镶锯齿纹带构成的复合纹样，有着强烈的旋动感。	25
	新石器时代晚期马家窑文化彩陶—四圈"十"字网纹双耳壶（43-19）	高35.5厘米，腹径37厘米，口径13.5厘米，底径10.2厘米。	泥质红陶。侈口，直颈，深圆腹，小平底，半环耳。黑红彩。口沿饰连弧纹。颈部饰弦纹、网纹。肩腹处绘四大圈旋涡纹。圆圈内外分别为双线十字纹和网格纹，旋线带锯齿。腹下饰垂幛纹。主体纹饰构图新颖，色调强烈。半山类型后期由二方连续的四大圈旋涡发展成四大圈纹，旋心圆之间用两至三根旋线连接起来。在四大圈纹中饰以网纹、棋盘格纹、菱格纹、斜锯齿纹、小圆圈和点纹等花纹。圆形中丰满的花纹饰于膨圆的上腹，非常和谐饱满。以红色带纹作连结旋心的旋线，两边合镶黑带纹，旋线的上下再并置着多组红带和黑色锯齿带间镶的花纹。这种多道旋线的并置和重复，起着推波助澜的作用，更增强旋动的感觉。	26
	新石器时代晚期马家窑文化彩陶—涡形菱格纹双耳壶（43-13）	高36.5厘米，腹径33.5厘米，口径12.3厘米，底径11.5厘米。	泥质红陶。侈口，直颈，深圆腹，小平底。腹部两侧有半环耳。通体磨光，口沿饰连弧纹，颈部饰重叠锯齿纹。这件彩陶壶使用了在黑彩中露陶地加红彩为阴纹的表现手法，用大面积黑色衬出陶地的旋纹，对比强烈且醒目，表现出极强的动感，颇具装饰性。	27
	新石器时代晚期马家窑文化彩陶—涡形菱格纹双耳壶（43-18）	高37厘米，腹径34.3厘米，口径14厘米，底径11.3厘米。	泥质橙红陶。侈口，直颈，深圆腹，小平底。腹部两侧有半环耳，颈部上端两侧有对称小乳耳。通体磨光。口沿饰连弧纹，颈部饰重叠锯齿纹。颈肩相交处饰红黑彩带纹。肩腹处绘四个红黑彩圆涡锯齿纹，其间填圆点纹与编织纹。构图熟练，绘画精细，充分展示出先民高超的制陶和绘画技巧。半山类型彩陶壶腹部膨圆状如球体，饱满的腹部装饰着繁丽的花纹，十分协调。由于当时的陶器置于地上，人们常居高临下地俯视陶器，取用陶器时则成为平视，故半山类型的彩陶罐、彩陶壶上的图案绘于腹部最鼓凸处以上。俯视时图案构成一个圆形整体，平视时图案填充在陶器上腹的半圆形中，是一种有变化的连续图案。这大大丰富了装饰艺术效果。	28

	名称	尺寸	说明	
	新石器时代晚期马家窑文化彩陶—涡形菱格纹壶（43-12）	高30.2厘米，腹径34厘米，口径10.4厘米，底径10.3厘米。	泥质红陶。侈口，直颈，深圆腹，小平底。腹部两侧有半环耳，颈部上端两侧有对称小乳耳。通体磨光。黑红彩。口沿饰锯齿纹、弦纹和连弧纹。颈部红彩网纹。颈肩之交饰红黑彩带纹。肩与腹部绘四个红黑彩圆涡锯齿纹，其间填方格纹和编织纹，在四个圆涡间填充网纹。饰以二方连续的旋纹，平视如飞浪横卷，俯视似巨澜回翻，构成旋动感很强的图案。整器装饰繁缛瑰丽，绘画技巧熟练，具有极高的艺术水平。	29
	新石器时代晚期马家窑文化彩陶—四圈菱带纹双耳壶（43-15）	高37厘米，腹径35.2厘米，口径12厘米，底径10.5厘米。	泥质红陶。侈口，口沿两侧小耳圆鼓，直颈，凸圆肩，深圆腹，小平底。腹部两侧有半环耳。通体磨光，口沿饰连弧纹、锯齿纹和红带纹。颈部饰网纹。颈肩相交处饰红黑彩带纹。肩与腹部圆涡纹间的旋线消失，演变成红黑彩绘四大圆圈，圆圈纹间饰人字纹，有平稳、安静之感。腹下饰垂幛纹。整器虽没有采用旋式的曲线流动设计，但在圆圈内分别填充动感很强的60°斜行折线、网格线，这两种对立的因素，使图案静中见动。	30
	新石器时代晚期马家窑文化彩陶—四圈"卐"字纹双耳壶（43-21）	高28.5厘米，腹径24.8厘米，口径8.7厘米，底径10.6厘米。	泥质红陶。小口，沿外侈，长直颈，圆肩，深圆腹，双半环耳。口沿饰连弧纹。颈部饰重叠锯齿纹。颈肩相交处饰红黑彩带纹。肩与腹部绘红黑彩四大圆圈，在网纹为地的圈中绘"卐"字纹，圆圈纹间饰人字纹。腹下饰垂幛纹。"卐"字符是由柳湾先民创作的，象征太阳和火焰，是太阳崇拜的反映。	31
	新石器时代晚期马家窑文化彩陶—锯齿带纹双耳壶（41-22）	高17.2厘米，腹径15.3厘米，口径7厘米，底径7.3厘米。	泥质红陶。卷唇，长直颈，双耳。颈部由黑红带纹、粗锯齿纹、弦纹组成。肩腹间有彩带纹、黑彩露陶地锯齿纹，腹下饰垂幛纹。该器锯齿纹、彩绘线条红黑相间，富有变化的节奏美感。	32
	新石器时代晚期马家窑文化彩陶—锯齿纹双耳壶（42-89）	高11厘米，腹径10.4厘米，口径5.3厘米，底径5.9厘米。	泥质红陶。卷唇，长直颈，双耳。腹以上施黑彩，露陶地带纹、粗锯齿纹，形成折线阴纹。半山时期盛行锯齿纹，花纹多以粗细不等的黑锯齿纹和红带纹相间绘成，颈肩之交以红线和黑锯齿带纹并行镶合，此为半山类型彩陶的特点之一。	33
	新石器时代晚期马家窑文化彩陶—锯齿网纹单耳罐（41-11）	高15.5厘米，腹径17.5厘米，口径11.5厘米，底径7.8厘米。	泥质红陶。侈口，短颈，单耳，鼓腹，平底。口沿内饰红黑彩波折纹、直线纹。颈部饰红带纹和黑彩小锯齿纹。腹部以红黑彩绘带锯齿边的变形叶纹间填网纹。花纹中套花的复杂装饰手法，使得图案分外绚丽。	34

	名称	尺寸	描述	图号
	新石器时代晚期马家窑文化彩陶—葫芦形网纹双耳壶（43-16）	高28.5厘米，腹径28厘米，口径10厘米，底径11.6厘米。	泥质红陶。卷唇，直颈，双耳。颈部顶端附对称鸡冠形义耳，中穿未通，是半山类型长颈壶颈部常见的造型风格。颈部以黑彩绘粗锯齿纹及带纹。腹部以黑红彩绘平行线、弧线、网格和锯齿纹组成葫芦形纹带，使装饰面区分为数个单位。纹饰虽繁复致密，但主题纹饰突显，周边用大面积的繁密花纹来衬托，很好地运用了密中有疏、以实显虚的艺术手法。	35
	新石器时代晚期马家窑文化彩陶—葫芦形网纹双耳壶（43-22）	高28.5厘米，腹径26厘米，口径10.3厘米，底径10.5厘米。	泥质红陶。卷唇，长直颈，颈部顶端附对称鸡冠形义耳，鼓腹。颈部绘以红黑彩带纹、网格纹，腹部绘竖列的葫芦形网纹和黑彩大锯齿带合镶红线纹。造型丰满，色彩绚丽，花纹繁华，体现出工整严密的艺术风格。	36
	新石器时代晚期马家窑文化彩陶—葫芦形网纹双耳壶（43-26）	高21厘米，腹径20厘米，底径9.3厘米。	泥质红陶。卷唇，长直颈，双耳，鼓腹。半山类型早期彩陶壶的颈部较长直，器最宽处在腹上部，以上下腹转折明显为特点。颈上绘一圈大三角纹，这种图案是半山类型早期饰于陶壶颈部的特色纹样。在葫芦形网纹中镶红线纹的黑色大锯齿带纹，也是半山类型早期典型的彩陶纹饰。	37
	新石器时代晚期马家窑文化彩陶—葫芦形网纹双耳壶（42-8）	高21.5厘米，腹径19.5厘米，口径8.5厘米，底径8.3厘米。	泥质红陶。卷唇，长直颈，双耳，鼓腹。颈部饰重叠三角形纹。腹部饰竖列葫芦形网纹和黑锯齿带合镶红线纹，体现了工整严密的艺术风格。	38
	新石器时代晚期马家窑文化彩陶—葫芦形网纹单耳罐（43-27）	高21.3厘米，腹径23.2厘米，口径15.5厘米，底径10厘米。	泥质红陶。侈口，短颈，单耳，鼓腹。口沿用红黑彩绘波折纹及直线纹。颈下绘竖列的葫芦形网纹和黑锯齿带合镶红线纹。半山类型彩陶大多使用黑、红两色绘制花纹。束腰葫芦形网纹由竖带状网纹发展而来，是半山类型早期彩陶的典型纹样。	39
	新石器时代晚期马家窑文化彩陶—菱带纹双耳壶（43-11）	高40厘米，腹径36厘米，口径12厘米，底径10.3厘米。	泥质红陶。口沿微侈，直颈，鼓腹，双耳，小平底。黑红彩。口沿内饰连弧纹，颈部饰网纹，下接红黑彩带纹及弦纹。肩、腹部以黑红彩带纹、黑锯齿纹相间。腹下挂密集垂幛纹。纹饰虽自上而下地平行，但有粗细、曲直、红黑的变化，并没有平板、单调之感。	40

图	名称	尺寸	说明	页
	新石器时代晚期马家窑文化彩陶—菱带纹双耳壶（43-2）	高40.3厘米，腹径36.5厘米，口径13.6厘米，底径11.2厘米。	泥质红陶。口沿微侈，直颈，鼓腹，双耳，小平底。黑红彩。腹部近于球体，饰有平行带纹，此为半山类型彩陶常见的纹样。此壶在平行带纹间露陶地，呈动感强烈的60°斜角线纹，形成动与静的对比，从而使图案静中见动。	41
	新石器时代晚期马家窑文化彩陶—菱格纹双耳壶（43-14）	高35厘米，腹径35.2厘米，口径12.5厘米，底径11.5厘米。	泥质红陶。侈口，直长颈，鼓腹，双耳。红黑彩。口沿饰连弧纹，颈部饰网纹。肩腹绘绳索纹、网格纹、菱形纹、平行线纹。腹下部饰垂幛纹。虽然纹饰自上而下平行，但纹饰多变，红黑相间且绘画精细，体现了工整严密的艺术风格。	42
	新石器时代晚期马家窑文化彩陶—锯齿纹双耳罐（42-25）	高19厘米，腹径19.8厘米，口径12.8厘米，底径9.5厘米。	泥质红陶。侈口，垂腹，双耳。黑红彩。颈部饰网纹。腹部施黑彩，黑彩中露两条边缘为锯齿纹、内中为红彩弧纹。	43
	新石器时代晚期马家窑文化彩陶—菱格纹双耳罐（43-145）	高16厘米，腹径21.2厘米，口径12.6厘米，底径8厘米。	泥质红陶。大口微外侈，短颈，鼓腹，双耳。黑红彩。口沿饰连弧纹，颈部饰粗红带纹。腹部用粗黑锯齿纹与红竖线纹将腹周分四等份，其间填绘连续而规整的菱形方格纹，一侧是黑彩菱格纹与陶地菱格纹相间，另一侧是黑彩菱格网纹与陶地菱格纹相间。图案清晰明亮，装饰华丽美观。	44
	新石器时代晚期马家窑文化彩陶—菱格网纹双耳罐（42-6）	高16.8厘米，腹径23.5厘米，口径13.5厘米，底径8厘米。	泥质红陶。大口微外侈，鼓腹，短颈，双耳。黑红彩。器表打磨光滑，口沿饰红彩锯齿纹和垂幛纹。颈外一周红彩斜线纹及粗带纹，下接黑彩长方小点带纹。腹部用红彩竖线与带锯齿的粗黑竖线组成的图案将器身划为六区。左右两区施黑彩露陶地锯齿纹，前后区绘双线菱格纹，内填充网纹。整器造型丰满，构图严谨，色彩深润明艳，绘画精细，是一件难得的珍品。	45
	新石器时代晚期马家窑文化—素身带状堆塑纹双耳小陶罐（42-132）	高7.6厘米，腹径10厘米，口径7.6厘米，底径5.5厘米。	泥质灰陶。侈口，短颈，双耳，鼓腹。素身。器腹斜排整齐的带状堆塑纹，具有朴素的美感。	46

	品名	尺寸	描述	页
	新石器时代晚期马家窑文化—素身篦纹单耳陶罐（42-130）	高14.8厘米，腹径14厘米，口径9.9厘米，底径7.2厘米。	夹砂灰陶。侈唇，短颈，鼓腹，单耳。腹部压印细密不规则篦纹。	46

马家窑文化—马厂类型

	品名	尺寸	描述	页
	新石器时代晚期马家窑文化彩陶—旋纹鸟形壶（42-2）	高25厘米，腹径29.5厘米，口径7.5厘米，底径11厘米。	泥质红陶。口斜偏于前方，壶身后部有一表示尾羽的小环状錾，这是一件抽象化的鸟形壶。黑红彩，颈部用黑彩绘三角纹。肩腹处绘四组红黑彩圆涡锯齿纹，其间填菱形纹与编织纹。腹下饰垂幛纹。鸟形器是马家窑文化彩陶特有的器型，早期的彩陶鸟形器较写实，颈细长，有突出的短翼和尾，身上绘羽状纹。后期鸟形器已变得抽象，一对侧翼变换成环形耳，身后变为小环状錾，脱离了对鸟形的模拟。并从实用性出发，颈部变短，口沿逐渐内移，但仍偏在前方。纹饰由早期鸟形壶上的象生性的变体鸟纹演变成装饰性的几何形花纹。	47
	新石器时代晚期马家窑文化彩陶—旋纹鸟形壶（42-1）	高25厘米，腹径29.5厘米，口径6.8厘米，底径10厘米。	泥质红陶。口斜偏于前方，壶身后部有一表示尾羽的小环状錾，这是一件抽象化的鸟形壶。黑红彩，颈部用黑彩绘三角纹。肩腹处绘四个红黑彩圆涡锯齿纹，其间填菱形纹与编织纹。腹下饰垂幛纹。运用循环运动的圆涡纹构成连续又旋转的动感很强的图案。	48
	新石器时代晚期马家窑文化彩陶—圆圈网纹双耳罐（41-15）	高12厘米，腹径12厘米，口径8.5厘米，底径6.5厘米。	泥质红陶。大口微外侈，垂腹，双耳。口部、颈部均饰锯齿纹，颈下部饰宽红带纹，接一串连珠纹。腹部绘六个圆圈，内填网纹。	49
	新石器时代晚期马家窑文化彩陶—圆圈网纹双耳罐（42-37）	高11.3厘米，腹径13.5厘米，口径6.6厘米，底径6.5厘米。	泥质红陶。直口，鼓腹，双耳。红黑彩。口沿饰相对锯齿纹。颈部饰网纹、红色弦纹及串珠纹。腹部的四圆圈内为双线方格十字纹，填网纹，圆圈纹间饰人字纹。	50
	新石器时代晚期马家窑文化彩陶—"十"字几何纹双耳罐（41-4）	高12.2厘米，口径20.3厘米，底径8.2厘米。	泥质红陶。卷唇，鼓腹，双耳。素身，口沿饰黑彩弦纹。罐内底部饰"十"字纹，内壁是黑彩中露陶地的三角折线阴纹，两者构成对比强烈的阴阳相关纹。	51

	名称	尺寸	说明	页码
	新石器时代晚期马家窑文化彩陶—四圈"十"字纹双耳壶（43-1）	高40.5厘米，腹径38厘米，口径15.8厘米，底径11.2厘米。	泥质红陶。侈唇，短颈，双耳。红黑彩。这件双耳壶由于底部急收，浑圆的腹部愈显饱满。腹部主体纹饰为四大重环圆圈纹间人字纹，圈内正中绘双线"十"字纹。腹下饰垂幛纹。纹饰与器身都以圆弧造型为主，搭配和谐而得体。器型较大的陶壶发展到马厂类型时期，其器型如倒置的卵形，腹部常饰四大圈纹，且连结四大圈之间的旋纹消失。这种四大圈纹成为马厂类型彩陶的代表纹饰之一。	52
	新石器时代晚期马家窑文化彩陶—四圈"十"字纹双耳壶（43-6）	高41厘米，腹径34厘米，口径12.7厘米，底径13.5厘米。	泥质红陶。侈唇，短颈，双耳。底部急收，使浑圆的腹部愈显饱满。红黑彩。唇部饰连弦、锯齿复合纹。腹部主体纹饰为四大重环圆圈纹间人字纹，圈内正中绘双线"十"字纹。腹下饰垂幛纹。	53
	新石器时代晚期马家窑文化彩陶—"十"字纹双耳盆（41-1）	高14厘米，口径26.5厘米，底径9.8厘米。	泥质红陶。卷唇，鼓腹，双耳。黑彩。器体外部素面无纹，口沿饰一圈锯齿纹，盆内饰宽带"十"字纹。	54
	新石器时代晚期马家窑文化彩陶—"十"字纹钵（41-8）	高10厘米，口径18.2厘米，底径8.4厘米。	泥质红陶。卷唇，双钮。器体外部素面无纹，口沿上填满黑彩。口沿饰复道连弧纹。钵体内壁绘五线"十"字纹，间饰重叠直角折线纹。马家窑文化彩陶上的"十"字纹主要绘于碗、钵、盆、豆的内部，是一种几何形化的动物变体花纹，身子的中间作"十"字对称的弧边菱形。早期有的只绘单独的"十"字纹，不再搭配别的纹饰。到马家窑类型晚期，大口彩陶器内的"十"字纹变粗周围都填以花纹，而日益复杂。	55
	新石器时代晚期马家窑文化彩陶—四圈网格纹双耳壶（43-7）	高42.5厘米，腹径36厘米，口径15.4厘米，底径10.5厘米。	泥质红陶。侈唇，短颈，双耳。底部急收，使浑圆的腹部愈显饱满。红黑彩。唇部为连弦、锯齿复合纹。腹部主体纹饰为四大重环圆圈纹，圈内三环网格纹、圆点纹，间饰人字纹。腹下饰垂幛纹。丰盈的花纹与饱满的造型配置在一起，而花纹与器腹外表都由弧线构成，因而显得非常谐和。	56

图	名称	尺寸	描述	页
	新石器时代晚期马家窑文化彩陶—四圈网纹双耳壶（43-8）	高39.5厘米，腹径35.7厘米，口径13.7厘米，底径12.2厘米。	泥质红陶。侈唇，短颈，双耳。底部急收，使浑圆的腹部愈显饱满。红黑彩。唇部为弦纹、锯齿复合纹。腹部主体纹饰为四大重环圈纹间人字纹，圈内填网纹。腹下饰垂幛纹。马厂彩陶圈内纹饰绝大多数是几何纹饰，如网格、三角形拍线、小十字、竖条、方块、梯形格、菱格、对三角、圆点和圈点纹等。与圆廓相交的空隙处多绘重叠人字。其圈形内外纹饰的种类繁多，格式多样，是彩陶中圆形图案最发达的一个文化类型。	57
	新石器时代晚期马家窑文化彩陶—六圈网纹盆（43-224）	高11.5厘米，腹径17.8厘米，口径17.3厘米，底径9.8厘米。	泥质红陶。大口，鼓腹，下腹置双乳钮。口沿饰黑彩露陶地菱形纹一圈，纹饰规整，色彩对应鲜明。盆内为红黑彩粗弧线、三角纹。盆外绘六圆圈，圆圈间没有附属纹饰，因而图案结构显得松散。圈内绘粗陋疏散的网纹。马厂类型晚期的彩陶制作变得粗糙，纹饰也变得简单，渐呈衰退。	58
	新石器时代晚期马家窑文化彩陶—六圈网纹双耳罐（43-52）	高8.3厘米，腹径10.3厘米，口径8厘米，底径6.2厘米。	泥质红陶。大口微外撇，直颈，垂腹，双耳，耳中微凹，其上附加堆塑纹。下腹折角明显。黑红彩。口沿饰黑彩粗带纹露陶地锯齿纹，下接连弧纹。颈部网纹。腹部绘简单的六圆圈网纹。	59
	新石器时代晚期马家窑文化彩陶—圆圈网纹双耳罐（43-41）	高7.7厘米，腹径9厘米，口径6.5厘米，底径4.6厘米。	泥质红陶。大口微外撇，垂腹，棒状双耳。下腹折角明显。黑红彩。口沿饰重叠连弧纹。颈、腹处各绘六个相对应的圆圈，内填网纹。	60
	新石器时代晚期马家窑文化彩陶—圆圈网纹双耳罐（43-49）	高8.5厘米，腹径9.8厘米，口径8.5厘米，底径5厘米。	泥质红陶。大口微外撇，直颈，垂腹，双耳，耳中微凹，上附加堆塑纹。下腹折角明显。黑红彩。口沿的宽带纹中露陶地波折纹，下接连弧纹。颈部、腹部绘六个相对应的圆圈，内填网纹。纹饰虽简单，但圆形网线纹上下相呼应，十分和谐。	61
	新石器时代晚期马家窑文化彩陶—圆圈网纹双耳罐（43-73）	高8.5厘米，腹径10.2厘米，口径8.2厘米，底径5.4厘米。	泥质红陶。大口微外撇，直颈，垂腹，双耳，耳中微凹，上附加堆塑纹。下腹折角明显。黑彩。口沿的宽带纹中露陶地波折纹，下接连弧纹。颈部饰上下对应的双线折线纹，间填网纹。腹部黑宽带纹间绘六圆圈纹，内填网纹。图案在统一的基调中有细微的变化，从而含蓄耐看。	62

	新石器时代晚期马家窑文化彩陶—圆圈网纹双耳罐（43-84）	高13.8厘米，腹径13.6厘米，口径9.2厘米，底径8厘米。	泥质红陶。大口微外撇，直颈，垂腹，双耳。褐红彩。口沿饰连弧纹。颈部饰锯齿纹。肩腹施褐红彩。肩部饰露陶地串珠纹一周。腹部绘重环六圆圈纹，内填网纹。	63
	新石器时代晚期马家窑文化彩陶—圆圈网纹双耳罐（41-10）	高13厘米，腹径15.5厘米，口径10.8厘米，底径5.8厘米。	泥质红陶。大口微外撇，直颈，垂腹，双耳。黑彩。口沿饰锯齿纹、带纹及重叠连弧纹。颈部上下对应折线纹，间填网纹。腹部两黑彩带间绘八圆圈，内填网纹。	64
	新石器时代晚期马家窑文化彩陶—圆圈网纹双耳罐（43-196）	高13.8厘米，腹径14.5厘米，口径10.7厘米，底径5厘米。	泥质红陶。大口微外撇，直颈，垂腹，双耳。红黑彩。口沿饰锯齿纹、带纹及重叠连弧纹。颈部饰网纹。左右耳下由黑红彩带将腹部划分为前后两区，区内绘重环六圆圈纹，内填网纹。	65
	新石器时代晚期马家窑文化彩陶—圆圈网纹单耳壶（43-232）	高14.7厘米，腹径11.4厘米，口径5.5厘米，底径4.7厘米。	泥质红陶。侈口，长颈，垂腹，颈耳。黑红彩。口沿内饰宽带露陶地波折纹。颈部红弦线纹间绘重叠锯齿纹。腹部彩带间绘四个相连的红黑重环圆圈纹，填充网纹、方格纹。此器较小，但通体繁彩，器型、纹饰都比较特殊。	66
	新石器时代晚期马家窑文化彩陶—圆圈"卍"字纹单耳罐（43-126）	高19.2厘米，腹径16.5厘米，口径9.6厘米，底径8厘米。	泥质红陶。侈口，颈耳，耳上有堆塑纹。腹钮。黑红彩。口沿饰锯齿、连弧复合纹。颈部红彩锯齿纹。腹部为四大圆圈纹间人字纹，圈内十字网纹中饰"卍"字纹。古人将"卍"字纹比作"太阳纹"或"火焰纹"，以此表达对太阳的崇拜。	67
	新石器时代晚期马家窑文化彩陶—四圈方格纹双耳壶（43-3）	高38.5厘米，腹径29厘米，口径12.5厘米，底径13厘米。	泥质红陶。侈口，短颈，圆鼓腹，双耳。黑彩。唇部饰锯齿纹。腹部绘黑彩露陶地四大圆圈连续纹，圆圈间饰人字纹，圈内绘方格圆点纹。下腹饰垂幛纹。	68
	新石器时代晚期马家窑文化彩陶—四圈网格纹壶（调-0026）	高34.5厘米，腹径30.5厘米，口径13.5厘米，底径9.4厘米。	泥质红陶。侈口，短颈，圆鼓腹，双耳。黑彩。唇部饰锯齿、复线连弧纹。腹部为四大圆圈纹间人字纹。圈内绘方格圆点纹。下腹饰垂幛纹。	69

	名称	尺寸	说明	
	新石器时代晚期马家窑文化彩陶—变体蛙纹壶（42-15）	高22.8厘米，通宽12.3厘米，口径10.4厘米。	泥质红陶。侈口，直颈，一侧单肩耳，另一侧腹部置半环耳。红黑两彩。口沿为红带、连弧和锯齿复合纹。颈部饰红带纹。腹部两彩带间绘涡卷式的变体蛙肢纹，下腹饰垂幛纹。变体蛙纹作为彩陶器的主要纹饰，经过了由具象演变为抽象的过程。早期蛙纹叉腿直立着，后来肢节逐渐增多，而每一个关节上都长出了爪趾。发展到晚期，蛙纹完全分解成抽象的带有爪趾的折线纹和多道连续的三角折线纹。自然纹样经过分解和解体，其中的一部分特征以夸张、变形手法组合再现，达到更集中、更突出地刻划出物象的特征的效果，并提炼成符号性的纹样。	70
	新石器时代晚期马家窑文化彩陶—蛙纹双耳壶（调-0019）	高37.5厘米，口径11.7厘米，腹径32.7厘米，底径12厘米。	泥质红陶。侈口，直颈，双耳，圆鼓腹。黑彩。口沿饰带纹，颈部饰曲折纹，前后腹各绘一圆圈纹，皆为黑彩露陶地"十"字纹，圆圈纹间绘蛙纹。蛙纹整体简化，但在关节处长出爪指和添加肢节，这种绘画手法，既表明所绘画的蛙纹是非凡的，具有神化的力量。而且通过突出地夸张某一特性，对局部加以繁化，但整体纹样仍是趋于简化的，最终简化成几何形纹样，这样便于手工彩绘制作，并容易以统一的样式传播和推广，且在器物上更富于装饰性，使主题花纹简明突出而一目了然。	71
	新石器时期马家窑文化彩陶—蛙纹壶（调-0034）	高38.5厘米，腹径31厘米，口径9.3厘米，底径10.3厘米。	泥质红陶。侈口，直颈，双耳，圆鼓腹。口沿饰带纹，颈部饰曲折纹。腹部两圆圈纹间绘蛙纹。左右圆圈纹内绘"十"字纹。下饰垂幛纹。马厂早期彩陶的神人纹多画在壶腹面的中央，而两侧画圈纹，由于神人纹的下肢与圆圈纹之间留有较多的空隙，为填补空隙，神人纹下肢由两节延伸为三节，原先爪趾在下肢第二节的顶端处，现位于第二、三节的关节转折处，成为马厂彩陶神人纹的典型样式。	72
	新石器时期马家窑文化彩陶—蛙纹壶（调-0016）	高24.3厘米，腹径23.5厘米，口径7.3厘米，底径7.5厘米。	泥质红陶。直口，短颈，颈、腹上下半环耳。红黑两彩。口沿饰红彩带纹。颈部饰红弦线纹。腹部两彩带间绘变体蛙肢折线纹，是一种极具标志性符号的纹样。	73

	名称	尺寸	描述	编号
	新石器时代晚期马家窑文化彩陶—蛙纹双耳罐（43-36）	高10厘米，腹径14厘米，口径14.5厘米，底径6.2厘米。	泥质红陶。敞口，侈唇，短颈，双耳，扁圆体，折腹内收，小平底。红黑彩。口沿饰锯齿、弦带和连珠复合纹。器腹外饰红黑带纹，下接垂幛纹。腹内绘两条黑线合镶一条粗红线的蛙肢纹。马厂类型彩陶的绘画技法有许多变化和创新，出现了器身先施红色、白色陶衣，然后再绘黑色、红色花纹的彩绘方法。或者以两条黑线合镶一条红线的复合线来表现。以多样化的表现手法，进一步丰富了彩陶艺术。	74
	新石器时代晚期马家窑文化彩陶—八卦纹钵（42-97）	高8.3厘米，腹径10.8厘米，口径11.3厘米，底径5.6厘米。	泥质红陶。敞口，颈内收，腹钮，黑彩。内口沿饰一圈带纹，带纹周围为竖直线纹。颈部为直线纹。腹部的上下两弦线纹间绘相间的横线纹与竖线纹，如八卦状。整体装饰朴素。	75
	新石器时代晚期马家窑文化彩陶—连弧纹双耳罐（41-13）	高10.2厘米，腹径12.5厘米，口径13.4厘米，底径5.7厘米。	泥质红陶。侈口，直颈，双耳，扁圆体，折腹内收，小平底。器身施红陶衣，黑彩。口沿饰带纹、双线连弧复合纹。颈部绘四组平行线纹。腹部带纹下接双线连弧纹。富有特色的侈口深腹彩陶器的内外皆施红色陶衣，在器外近口沿处多绘类似八卦状的纹样，器内亦绘花纹，复道垂弧纹是器内外图案中的主题纹饰。	76
	新石器时代晚期马家窑文化彩陶—连弧纹钵（43-237）	高11.3厘米，腹径15.2厘米，口径15厘米，底径7厘米。	泥质红陶。敞口，曲腹，向下收成小平底，腹部有对称突乳。器身施红陶衣，黑彩。口沿饰锯齿纹与连弧纹。颈部饰六组平行线纹。腹部两带纹间饰双线连弧纹。下接垂幛纹。	77
	新石器时代晚期马家窑文化彩陶—连弧纹双耳罐（43-190）	高13.1厘米，腹径14厘米，口径13.5厘米，底径6.5厘米。	泥质红陶。敞口，短颈，双耳，圆腹，向下收成小平底。器身上部施红陶衣，黑彩。口沿饰连弧纹。颈部饰带纹。腹部两组带纹间饰直线纹，腹下饰垂幛纹。	78
	新石器时代晚期马家窑文化彩陶—连弧纹双耳罐（42-75）	高8.3厘米，腹径11厘米，口径12厘米，底径6厘米。	泥质红陶。侈口，直颈，双耳，扁圆体，折腹内收，小平底。器身施红陶衣，黑彩。口沿为五线波折纹，下接完全几何化的鱼纹。颈部饰四组平行线纹。腹部的带纹下接双线连弧纹。这种极为简化的几何纹，已看不出鱼的具体形状，完全抽象化了，成为一种标志性的符号。最后逐渐由标志性纹样变成纯粹装饰性的抽象几何图案。	79

	名称	尺寸	描述	页
	新石器时代晚期马家窑文化彩陶—连弧纹双耳罐（43-76）	高11.5厘米，腹径15.6厘米，口径16厘米，底径7厘米。	泥质红陶。大口，圆腹，双耳。黑彩。口沿饰贝叶纹，颈部饰格纹，腹部饰复线连弧纹。	80
	新石器时代晚期马家窑文化彩陶—连弧纹双耳罐（42-72）	高9.3厘米，腹径11.5厘米，口径11.5厘米，底径5.8厘米。	泥质红陶。敞口，双耳，圆腹。黑彩。口沿饰直线和连弧纹。颈部饰曲折线纹。腹部的带纹下接双线连弧纹。	80
	新石器时代晚期马家窑文化彩陶—变体鱼纹双耳钵（43-248）	高12.2厘米，腹径17.6厘米，口径20.5厘米，底径7.2厘米。	泥质红陶。敞口外撇，直腹，腹部有对称突乳。器身施红陶衣，黑彩。钵内两带纹间饰变体鱼纹，纹饰抽象，近图案化。钵外上部饰双线连弧纹，下部两带纹间饰弦线纹，下接垂幛纹。	81
	新石器时代晚期马家窑文化彩陶—锯齿纹双耳罐（43-102）	高8厘米，腹径9.5厘米，口径7.8厘米，底径4.5厘米。	泥质红陶。大口，双耳，折腹内收，小平底。黑彩。口沿饰锯齿纹。器身以黑彩露陶地绘三组平行锯齿纹。器型小巧。马厂类型陶器的纹饰常以黑色或红色为底，露出陶地为纹的绘制方法，并运用阴阳、虚实的对比手法，令简单的纹饰十分突出，具有很强的装饰效果。	82
	新石器时代晚期马家窑文化彩陶—锯齿纹双耳罐（43-187）	高10.4厘米，腹径12.4厘米，口径9.5厘米，底径5厘米。	泥质红陶。侈口，短颈，垂腹内收，小平底，双耳。红黑彩。口沿饰锯齿、带纹和复线连弧纹。器身以红彩露陶地绘六组平行锯齿纹。	83
	新石器时代晚期马家窑文化彩陶—锯齿纹双耳罐（43-113）	高13厘米，腹径15.8厘米，口径5.6厘米，底径6.5厘米。	泥质红陶。小口，侈唇，短颈，垂腹内收，小平底，双耳。红彩。口沿饰带纹。颈部相间饰带纹及不规则的圆点纹。器身饰红彩露陶地锯齿纹。	84
	新石器时代晚期马家窑文化彩陶—锯齿纹双耳罐（43-219）	高13.3厘米，腹径13厘米，口径9.5厘米，底径7厘米。	泥质红陶。大口微外撇，垂腹，双耳。红黑彩。口沿饰锯齿纹。整器施黑彩近底部，绘六组露陶地平行锯齿纹。红彩带把器身划分为四个区间，使平行纹饰并不显得呆板。	85
	新石器时代晚期马家窑文化彩陶—锯齿纹双耳罐（42-19）	高12.2厘米，腹径14.8厘米，口径10厘米，底径5.2厘米。	泥质红陶。侈口，短颈，垂腹，双耳。全器施黑彩，口沿饰露陶地锯齿纹。颈部饰露陶地菱形点纹。腹部饰四周露陶地锯齿纹。	86

	名称	尺寸	描述	编号
	新石器时代晚期马家窑文化彩陶—锯齿纹双耳罐（42-36）	高12.3厘米，腹径13厘米，口径9.7厘米，底径5.6厘米。	泥质红陶。侈口，短颈，垂腹，双耳。黑红彩。口沿饰黑红彩锯齿纹和点状纹。器身施黑陶衣，颈部饰露陶地贝叶纹。腹部饰五周露陶地细锯齿纹。	87
	新石器时代晚期马家窑文化彩陶—锯齿纹双耳罐（42-65）	高10.8厘米，腹径10.8厘米，口径8.5厘米，底径4.5厘米。	泥质红陶。大口外撇，垂腹，双耳。红彩。口沿饰锯齿纹、带纹和连弧纹。颈部饰大三角纹。腹部饰红彩露陶地细锯齿纹。	88
	新石器时代晚期马家窑文化彩陶—锯齿纹豆（41-25）	高8.69厘米，口径14厘米，底径6厘米。	泥质红陶。敞口，浅腹，圈足。黑彩。外壁绘叠线垂幛纹。豆内施黑彩，底部为露陶地圈纹，近口沿处饰露陶地锯齿纹两圈。该彩纹饰虽简单，但黑彩与陶地的色彩对比，使平行纹饰并不显得沉闷。	89
	新石器时代晚期马家窑文化彩陶—网纹双耳罐（43-217）	高11厘米，腹径14.2厘米，口径13.2厘米，底径7.2厘米。	泥质红陶。大口外撇，短颈，鼓腹，双耳。红彩。口沿饰锯齿纹、带纹和连弧纹。颈部绘多道平行弦线纹。腹部施红彩，饰露陶地小方格纹带。	90
	新石器时代晚期马家窑文化彩陶—网纹双耳罐（43-188）	高12厘米，腹径12.9厘米，口径8.8厘米，底径5.2厘米。	泥质红陶。大口，直颈，鼓腹，双耳，耳上附加堆塑纹，红黑彩。口沿饰红彩带纹和连弧纹。颈部饰网纹。腹部饰串珠纹间绘网纹。颈与腹的网纹相呼应，使图案显得协调。	91
	新石器时代晚期马家窑文化彩陶—网纹双耳罐（43-47）	高11.3厘米，腹径11.8厘米，口径7.7厘米，底径5.5厘米。	泥质红陶。大口，直颈，垂腹，双耳。红彩。口沿饰锯齿纹。颈部饰网纹。腹部为网格带纹与红带纹竖列相间。	92
	新石器时代晚期马家窑文化彩陶—网纹双耳罐（43-155）	高13.5厘米，腹径13.3厘米，口径9.3厘米，底径7.5厘米。	泥质红陶。敞口，直颈，垂腹，双耳。红黑彩。口沿饰锯齿纹。颈部饰网纹。腹部为两彩带间绘网纹。	93
	新石器时代晚期马家窑文化彩陶—网纹双耳罐（43-146）	高13.8厘米，腹径11.4厘米，口径10厘米，底径6.6厘米。	泥质红陶。敞口，直颈，垂腹，双耳。红黑彩。口沿饰锯齿纹。颈部饰网纹。腹部为两彩带间绘红黑相间网纹。	94

	名称	尺寸	描述	
	新石器时代晚期马家窑文化彩陶—网纹双耳罐（43-88）	高9.5厘米，腹径12.3厘米，口径9.5厘米，底径6.2厘米。	泥质红陶。大口，直颈，鼓腹，双耳。红黑彩。口沿饰斜线纹、带纹和连弧纹。颈部饰网纹。腹部施红褐彩，鼓腹处为露陶地带纹，上绘点彩纹。	95
	新石器时代晚期马家窑文化彩陶—网纹豆（43-243）	高7.2厘米，口径12.3厘米，底径4.2厘米。	泥质红陶。浅腹，圈足。红黑彩。口沿上绘粗带纹一周。红彩带将豆内壁划分为九区间，内填充网纹。	96
	新石器时代晚期马家窑文化彩陶—菱形纹双耳罐（43-31）	高10.8厘米，腹径11.5厘米，口径9.3厘米，底径5.1厘米。	泥质红陶。大口，直颈，垂腹，双耳。黑彩。口沿饰带纹、锯齿纹、曲折纹。颈部弦纹间饰折线纹。腹部饰六组菱形纹。	97
	新石器时代晚期马家窑文化彩陶—菱形纹双耳罐（43-80）	高12.8厘米，腹径16厘米，口径9.5厘米，底径5.8厘米。	泥质红陶。大口，短颈，鼓腹，双耳。器腹以上施红彩。口沿饰弦纹。颈部饰露陶地竖向曲折纹。腹部饰露陶地双线菱形纹。马厂时期的彩陶罐腹上的纹饰样式很多，除二方连续菱格纹外，还有回形纹、网格纹、方格圆点纹、三角折线纹、凹凸纹等，还有一种黑彩中露出陶地的三角折线阴纹。	98
	新石器时代晚期马家窑文化彩陶—菱形纹双耳罐（43-91）	高7.4厘米，腹径9.5厘米，口径6.5厘米，底径4.2厘米。	泥质红陶。敞口，直颈，垂腹，双耳。口沿饰弦纹，颈部饰曲折纹。腹部弦纹间饰一组大菱形纹。	99
	新石器时代晚期马家窑文化彩陶—菱形纹双耳罐（43-216）	高11.3厘米，腹径13.2厘米，口径7.8厘米，底径5.2厘米。	泥质红陶。敞口，短颈，鼓腹，双耳。黑彩。口沿饰锯齿纹、弦纹。颈部为竖向条纹。上腹施黑彩，饰露陶地平行锯齿纹。鼓腹处饰一周菱形纹。	100
	新石器时代晚期马家窑文化彩陶—菱形纹双耳罐（42-41）	高10.5厘米，腹径13.5厘米，口径8.5厘米，底径5.4厘米。	泥质红陶。敞口，短颈，鼓腹，双耳。红黑彩。口沿饰弦线纹和连珠纹。器身施红彩，颈部饰露陶地竖向条纹。腹部饰露陶地连珠纹及二方连菱形纹。	101
	新石器时代晚期马家窑文化彩陶—菱形纹双耳罐（42-56）	高9.5厘米，腹径11厘米，口径8.5厘米，底径5厘米。	泥质红陶。敞口，直颈，垂腹，双耳。红彩。口沿饰弦纹。肩以上施红彩，颈部饰露陶地长方格点纹。腹部绘红彩菱形纹。	102
	新石器时代晚期马家窑文化彩陶—菱形纹双耳罐（41-18）	高8.8厘米，腹径11.5厘米，口径8.2厘米，底径4.5厘米。	泥质红陶。敞口，直颈，垂腹，双耳。口沿饰弦纹及锯齿纹。腹以上施红彩。颈部饰露陶地菱形纹一周。腹部饰露陶地方格点纹。	103

	新石器时代晚期马家窑文化彩陶—菱形纹双耳罐（41-17）	高14厘米，腹径10.5厘米，口径7.8厘米，底径7.2厘米。	泥质红陶。侈口，短颈，垂腹，双耳。器身施红陶衣，黑彩。口沿饰连弧纹。颈部饰竖向曲折纹。腹部上下都有弦纹，弦纹间黑彩网格纹与红彩菱形纹相对。	104
	新石器时代晚期马家窑文化彩陶—菱形纹双耳罐（41-19）	高9.2厘米，腹径10厘米，口径8.3厘米，底径3.7厘米。	泥质红陶。大口微撇，垂腹，双耳。黑彩。口沿饰弦纹和连珠纹。颈部为弦纹，其间六组竖线纹相间排列。腹部绘大菱形纹。该器纹饰简洁清晰。	105
	新石器时代晚期马家窑文化彩陶—菱形网纹双耳罐（43-81）	高10厘米，腹径11.4厘米，口径8.5厘米，底径7.5厘米。	泥质红陶。大口微外撇，短颈，垂腹，双耳。红黑彩。口沿饰锯齿纹和连弧纹。腹部饰菱形纹，内填网纹。	106
	新石器时代晚期马家窑文化彩陶—菱形网纹双耳罐（43-83）	高11厘米，腹径12.2厘米，口径7.5厘米，底径6.5厘米。	泥质红陶。大口，直颈，垂腹，双耳。红彩。颈部饰锯齿纹。腹部饰菱形纹，内填网纹。	106
	新石器时代晚期马家窑文化彩陶—菱形网纹双耳罐（43-116）	高12.5厘米，腹径13厘米，口径8厘米，底径5.7厘米。	泥质红陶。直口，鼓腹，双耳。红黑彩。颈部绘黑彩斜线纹。腹部绘菱形纹，内填网纹。	107
	新石器时代晚期马家窑文化彩陶—菱形纹双耳罐（43-128）	高11.4厘米，腹径13.3厘米，口径8.8厘米，底径5.5厘米。	泥质红陶。敞口微外撇，短颈，垂腹，双耳。黑彩。口沿为宽带纹中露陶地细锯齿纹。颈部饰弦纹、曲折纹。腹部饰四线菱形纹，其间绘封闭直线纹。	108
	新石器时代晚期马家窑文化彩陶—菱形网纹双耳罐（43-86）	高10厘米，腹径11厘米，口径8厘米，底径6厘米。	泥质红陶。敞口，直颈，垂腹，双耳。黑彩。口沿饰锯齿纹。器外部整体以网纹为地，腹部饰双线菱形纹，图案在统一的基调中有细微的变化。	109
	新石器时代晚期马家窑文化彩陶—菱形网纹双耳罐（43-57）	高10厘米，腹径10.6厘米，口径6.5厘米，底径4厘米。	泥质红陶。侈口，短颈，鼓腹，双耳。红黑彩。口沿饰网纹、双线连弧纹。颈肩处饰弦纹和菱形网纹。腹部饰双线菱形纹填充网纹。整器在口、颈和腹都使用网纹，其间饰弦纹、双线菱形纹等纹饰，使整体图案既统一，又有细微的变化。	110
	新石器时代晚期马家窑文化彩陶—菱形网纹双耳罐（43-151）	高11.5厘米，腹径13.5厘米，口径10.5厘米，底径8.5厘米。	泥质红陶。敞口，直颈，垂腹，双耳。黑彩。口沿饰锯齿纹。器外整体以网纹为地，腹部饰双线菱纹，图案在统一的基调中有细微的变化。	111

	名称	尺寸	描述	页
	新石器时代晚期马家窑文化彩陶—菱形纹双耳罐（43-198）	高10.5厘米，腹径12.4厘米，口径10厘米，底径6.5厘米。	泥质红陶。大口微外撇，直颈，垂腹，双耳。红黑彩。口沿饰锯齿纹。颈部饰网纹。肩部饰一圈连珠纹。腹部饰虚实相间的菱形纹。	112
	新石器时代晚期马家窑文化彩陶—菱形网纹双耳罐（42-18）	高12.5厘米，腹径16.5厘米，口径15.5厘米，底径6.2厘米。	泥质红陶。大口外撇，鼓腹，向内收成小平底，双耳，黑红彩。颈部绘红弦纹下接锯齿纹，大菱形纹内填充网纹。纹饰简洁。	113
	新石器时代晚期马家窑文化彩陶—菱形网纹双耳罐（42-30）	高11.5厘米，腹径13.8厘米，口径8.5厘米，底径6厘米。	泥质红陶，直口，短颈，鼓腹，双耳。红黑彩。口沿饰弦纹、锯齿纹。颈部为弦纹间绘六组相间竖线纹。腹部的大菱形纹内填充网纹。	113
	新石器时代晚期马家窑文化彩陶—菱形网纹双耳罐（42-40）	高11厘米，腹径14厘米，口径9厘米，底5.5厘米。	泥质红陶。敞口，短颈，鼓腹，双耳。口沿饰弦纹和连弧纹。颈部的弦纹间绘五组曲折纹。腹部施黑彩，露陶地双线菱形网纹。	114
	新石器时代晚期马家窑文化彩陶—菱形网纹双耳罐（43-110）	高10.3厘米，腹径11.3厘米，口径9.3厘米，底径6.6厘米。	泥质红陶。敞口，直颈，垂腹，双耳。红黑彩。口沿饰锯齿纹。颈部饰网纹。左右耳绘带纹，耳下以"X"纹将腹部分前后两区，两区以红黑彩在弦纹间绘菱形网纹。	115
	新石器时代晚期马家窑文化彩陶—菱形网纹双耳罐（43-109）	高11.5厘米，腹径12.8厘米，口径8.8厘米，底径6.5厘米。	泥质红陶。敞口，短颈，鼓腹，双耳。红黑彩。口沿饰锯齿纹。颈部饰网纹。左右耳绘横线纹，耳下以"X"纹将腹部分前后两区，以黑彩在弦纹间网地绘粗线菱形纹。	116
	新石器时代晚期马家窑文化彩陶—圆圈网纹双耳壶（42-14）	高22.5厘米，腹径19厘米，口径8.3厘米，底径9厘米。	泥质红陶。小口，沿外侈，长颈，腹圆鼓，双耳。红黑彩。口沿饰叠线连弧纹。颈部的网纹下接弦纹。肩部饰锯齿纹。腹部弦纹间绘四圆圈，圈内以网纹为地露"十"字纹。下接垂幛纹。	117
	新石器时代晚期马家窑文化彩陶—菱形网纹双耳罐（42-39）	高12.3厘米，腹径13.6厘米，口径11.2厘米，底径7.5厘米。	泥质红陶。敞口，直颈，垂腹，双耳。红黑彩。口沿饰锯齿纹。颈部网纹下接红弦纹。腹部饰细锯齿纹，双线菱纹填充网纹。该器上下纹饰基调统一，绘画清晰简洁。	117

图	名称	尺寸	说明	编号
	新石器时代晚期马家窑文化彩陶—菱形网纹双耳罐（43-141）	高8.8厘米，腹径9.8厘米，口径8.2厘米，底径5厘米。	泥质红陶。敞口，直颈内收，呈喇叭状，腹圆鼓，双耳。口沿双线竖纹相间，相间处饰圆点纹。颈部网纹下接红弦纹。腹部饰菱形网纹。	118
	新石器时代晚期马家窑文化彩陶—菱形网纹单耳罐（43-239）	高10.4厘米，腹径11.4厘米，口径6.2厘米，底径5厘米。	泥质红陶。直口，直颈，鼓腹，颈耳。红黑彩。口沿饰连弧纹，颈部网纹下接红弦纹。腹部两弦带间饰菱形网纹。	119
	新石器时代晚期马家窑文化彩陶—菱形网纹双耳罐（42-23）	高13.3厘米，腹径15.5厘米，口径11厘米，底径5.7厘米。	泥质红陶。大口微外撇，短颈，鼓腹，双耳。红黑彩。口沿饰锯齿纹、弦纹和复线连弧纹。颈部的菱形内填充网纹。肩部绘红弦纹。腹部黑弦纹间绘双线菱形填充网纹。	120
	新石器时代晚期马家窑文化彩陶—网纹双耳罐（43-131）	高10厘米，腹径10厘米，口径7.7厘米，底径4厘米。	泥质红陶。敞口，直颈，垂腹，双耳。黑彩。口沿饰锯齿纹。颈部饰网纹。肩部有一串连珠纹。腹部饰网纹。	121
	新石器时代晚期马家窑文化彩陶—菱形网纹双耳罐（43-168）	高15.3厘米，腹径15.5厘米，口径6.8厘米，底径7.7厘米。	泥质红陶。小口，沿外侈，短颈，鼓腹，双耳。两耳附加堆塑纹。红黑彩。颈部网纹下接红弦纹。肩部饰一串连珠纹。腹部的双线菱形纹内填充网纹。该器型圆润饱满。	122
	新石器时代晚期马家窑文化彩陶—菱形纹双耳罐（42-85）	高10.2厘米，腹径11.5厘米，口径4.6厘米，底径6厘米。	泥质红陶。小口，沿微外侈，短颈，垂腹，双耳，上绘横线纹，双耳下绘"X"纹加圆点纹。黑彩。口沿饰锯齿纹。颈部饰三弦纹，下绘竖线纹。肩腹间施黑彩露陶地细锯齿纹两行。腹部饰菱形纹。	123
	新石器时代晚期马家窑文化彩陶—菱形网纹双耳钵（41-28）	高13.8厘米，腹径19.4厘米，口径18厘米，底径9厘米。	泥质红陶。大口，短颈，鼓腹，小平底，颈部两耳，另有两钮耳。黑红彩。口沿内外饰红带纹，口沿内加绘连弧纹。腹部上下黑带纹间绘红彩菱形网纹。	124
	新石器时代晚期马家窑文化彩陶—菱形网纹双耳罐（43-130）	高15厘米，腹径16.4厘米，口径8.5厘米，底径7.7厘米。	泥质红陶。侈口，短颈，垂腹，双耳，两耳附加堆塑纹。红黑彩。口沿饰黑带纹一周露陶地锯齿纹。颈部饰网纹。双耳下以红带纹间网纹将器身分前后两区，分绘双线菱形纹，由数百条平行的竖和横线组成的网纹填充，显示出精细、准确的绘制技艺，配合菱形纹和网纹之间露出的几何状陶地，形成了多层次的变化。	125

	名称	尺寸	描述	编号
	新石器时代晚期马家窑文化彩陶—菱形网纹双耳罐（43-67）	高7.5厘米，腹径12.4厘米，口径10.8厘米，底径7厘米。	泥质红陶。大口，宽折缘，缩颈，鼓腹，双耳。红黑两彩。口沿内饰红带纹，红带纹下为连弧纹，口沿上为一周曲折纹。腹部绘红线菱形网纹。	126
	新石器时代晚期马家窑文化彩陶—菱形网纹双耳罐（41-14）	高11.5厘米，腹径12.2厘米，口径10.2厘米，底径7厘米。	泥质红陶。敞口，直颈，鼓腹，双耳。红黑彩。颈部饰网纹，下接红弦纹。肩部饰一串连珠纹，腹部饰菱形网纹。	127
	新石器时代晚期马家窑文化彩陶—贝叶纹双耳罐（42-26）	高12.2厘米，腹径14.8厘米，口径10厘米，底径5.5厘米。	泥质红陶。敞口，短颈，垂腹，双耳。口沿饰锯齿纹，颈部饰露陶地曲折纹。腹部饰露陶地三行细锯齿纹和一圈贝叶纹。马厂类型彩陶上贝叶纹多饰在瓶的颈部或罐的上部，这是当时人们在颈部饰以贝壳串成的项链在图案中的反映。到了马厂中期，贝叶纹的贝形发生了演变，外形线由弧线变成折线，因而近于菱形，此后则变为菱形，最后串于菱形间的横线消失，成为二方连续菱形纹。马厂类型彩陶上的贝叶纹，是人们将珍爱的装饰品描绘在图案中以后又演变成几何形花纹的例证。	128
	新石器时代晚期马家窑文化彩陶—贝叶纹双耳罐（42-20）	高11.3厘米，腹径13.3厘米，口沿10.3厘米，底径6.5厘米。	泥质红陶。敞口，短颈，垂腹，双耳。两耳附加堆塑纹。红黑彩。口沿饰弦纹和连弧纹。除肩腹连接处绘两道红弦纹外，余施黑彩，颈部在露陶地菱形纹填充网纹。腹部饰露陶地贝形叶纹两圈。	129
	新石器时代晚期马家窑文化彩陶—贝叶纹双耳罐（42-52）	高11.2厘米，腹径13厘米，口径9.6厘米，底径5.2厘米。	泥质红陶。侈口，短颈，垂腹，双耳。口沿饰连弧纹和锯齿纹。颈部饰四弦纹。腹部的弦线纹、连弧纹和贝叶纹相间排列。	130
	新石器时代晚期马家窑文化彩陶—贝叶纹双耳罐（42-49）	高11.3厘米，腹径11.7厘米，口径6.5厘米，底径4.4厘米。	泥质红陶。小口，侈唇，短颈，腹鼓圆，双耳。黑彩。口沿饰锯齿纹。颈部饰带纹和竖线纹。腹部饰贝叶纹。	131
	新石器时代晚期马家窑文化彩陶—连珠纹双耳罐（43-205）	高9厘米，腹径11.2厘米，口径7.2厘米，底径5厘米。	泥质红陶。侈口，垂腹，双耳。器身施红陶衣，黑彩。口沿饰连珠纹。颈部饰曲折纹。腹部饰弦纹加波折纹的组合纹饰。	132

图	名称	尺寸	说明	页
	新石器时代晚期马家窑文化彩陶—连珠纹双耳罐（43-149）	高13.5厘米，腹径13.8厘米，口径10.5厘米，底径7厘米。	泥质红陶。大口微外侈，短颈，垂腹，双耳。器身施白陶衣，红彩。口沿饰三道连弧纹。颈部饰四道波折纹和弦纹的组合纹饰。两耳下的"X"纹将腹部分前后两区，区内绘连珠纹。腹下饰垂幛纹。	133
	新石器时代晚期马家窑文化彩陶—连珠纹双耳罐（43-164）	高8厘米，腹径9.6厘米，口径6.1厘米，底径5厘米。	泥质红陶。广口，直颈，垂腹，小平底，双耳。器身施黑彩，颈部饰露陶地小方格纹一周。腹部饰露陶地连珠纹。	134
	新石器时代晚期马家窑文化彩陶—小方格纹双耳罐（42-88）	高11.2厘米，腹径11.6厘米，口径5.7厘米，底径4.5厘米。	泥质红陶。小口，短颈，垂腹，双耳。整器施褐红彩。口沿饰带纹。颈部饰曲折纹。腹部饰露陶地方格纹。	135
	新石器时代晚期马家窑文化彩陶—方格纹双耳罐（43-214）	高13.5厘米，腹径13.2厘米，口径8.3厘米，底径6.3厘米。	泥质红陶。侈口，短颈，垂腹，双耳。器身施红彩。口沿饰带纹和锯齿纹。颈部在露陶地带纹上绘曲折纹。腹部饰露陶地四方连续的菱形纹及方格纹。	136
	新石器时代晚期马家窑文化彩陶—折线纹双耳罐（43-194）	高9.4厘米，腹径11.7厘米，口径9厘米，底径5.4厘米。	泥质红陶。大口微侈，直颈，垂腹，双耳。黑彩。口沿内外饰带纹、锯齿纹。器身饰露陶地方格纹、折线纹、圆点纹。	137
	新石器时代晚期马家窑文化彩陶—长方格网纹双耳罐（43-59）	高10.7厘米，腹径9.8厘米，口径7厘米，底径4.5厘米。	泥质红陶。大口微撇，直颈，圆腹，双耳。红黑彩。口沿内饰带纹、锯齿纹。肩部绘一周红带纹。腹部饰斜行长方格网纹。	138
	新石器时代晚期马家窑文化彩陶—折线纹双耳罐（43-123）	高9.6厘米，腹径11.2厘米，口径4.9厘米，底径4.5厘米。	泥质红陶。小口，短颈，鼓圆腹，双耳。红黑彩。口沿内外饰带纹。颈部饰四组竖线纹。双耳下绘"X"纹将腹部分前后两区，区内绘四组同心三角折线纹。	139
	新石器时代晚期马家窑文化彩陶—直线带纹双耳罐（43-112）	高9.9厘米，腹径10.7厘米，口径8.5厘米，底径5.4厘米。	泥质红陶。敞口，短颈，垂腹，双耳。黑彩。口沿内饰锯齿纹。器身外施黑彩，颈部和肩部饰露陶地粗竖线纹两圈。腹部饰露陶地大贝形叶纹。	140
	新石器时代晚期马家窑文化彩陶—带纹双耳罐（43-42）	高11.2厘米，腹径13厘米，口径9.6厘米，底径5.8厘米。	泥质红陶。敞口，直颈，垂腹，双耳。红黑彩。口沿绘红彩带纹、锯齿纹和连弦纹。颈部以菱形填充网纹。腹部施黑彩露陶地弦线纹。	141

	名称	尺寸	描述	编号
	新石器时代晚期马家窑文化彩陶—带纹双耳罐（43-154）	高6.3厘米，腹径10.3厘米，口径7.8厘米，底径5厘米。	泥质红陶。侈口，垂腹，双耳。全器施红陶衣，黑彩。口沿饰重叠连弧纹。三组弦纹将器身分为三等份，黑红对比，装饰朴素。	142
	新石器时代晚期马家窑文化彩陶—带纹单耳壶（43-226）	高16.1厘米，腹径15.7厘米，口径6厘米，底径8厘米。	泥质红陶。直口，长颈，垂腹，颈单耳，腹钮。耳上附堆塑纹。器身施红陶衣，黑彩。口沿饰带纹。颈部饰露陶地弦纹。腹部饰宽带纹。该器造型小巧。一侧饰单耳而另一侧饰一突錾的瓶是马厂类型出现的新彩陶器型。	143
	新石器时代晚期马家窑文化彩陶—带纹罐（43-225）	高9.2厘米，腹径9.8厘米，口径6.5厘米，底径5.5厘米。	泥质红陶。侈口，短颈，鼓腹。腹部两钮。整器施黑彩，饰露陶地旋带纹。虽然纹饰简单，但旋带纹增强了纹饰的动感。	144
	新石器时代晚期马家窑文化彩陶—"十"字纹豆（41-24）	高11.5厘米，口径17厘米，底径8.6厘米。	泥质红陶。敛口，深腹，喇叭形圈足。口沿置四个乳突。豆内外施白陶衣，褐红黑彩。内腹绘褐红彩双线十字纹，其间绘点线纹。外壁饰垂幛纹。	145
	新石器时代晚期马家窑文化彩陶—回纹双耳罐（43-75）	高9.8厘米，腹径10.5厘米，口径8.2厘米，底径6.2厘米。	泥质红陶。敞口，直颈，垂腹，双耳。黑彩。口沿饰锯齿纹。器身以竖横相间的直线纹为框架，再填绘网状回纹。网状回纹与直线纹之间露出的陶地，形成了多层次的变化。	146
	新石器时代晚期马家窑文化彩陶—回纹单耳杯（43-231）	高10厘米，腹径7厘米，口径6.2厘米，底径5.5厘米。	泥质红陶。直口，颈微内收，圆筒形腹，略圆鼓，平底，器口一侧至腹部有一单耳。口沿饰锯齿纹。器身通体施红陶衣，腹部黑彩露陶地回纹。形制别致，构图简洁。	147
	新石器时代晚期马家窑文化彩陶—回纹双耳罐（43-37）	高13.8厘米，腹径15.6厘米，口径7.5厘米，底径6.3厘米。	泥质红陶。敞口，直颈，垂腹，向下内收，小平底，双耳。全器施红陶衣，黑彩。颈三条折线纹。腹部以弦纹、回纹组成。纹饰间露出呈几何形的陶地，形成了多层次的变化。	148
	新石器时代晚期马家窑文化彩陶—回纹双耳罐（42-47）	高10.8厘米，腹径12.3厘米，口径8.7厘米，底径5.2厘米。	泥质红陶。敞口，直颈，鼓腹，向下内收，小平底，双耳。口沿饰带纹、锯齿纹。器身施黑彩，衬出红色陶地的回纹、贝叶纹。	149
	新石器时代晚期马家窑文化彩陶—回纹双耳罐（42-31）	高10.5厘米，腹径13.8厘米，口径8.7厘米，底径6.1厘米。	泥质红陶。侈唇，短颈，鼓腹，双耳。黑彩。口沿饰弦纹、锯齿纹。颈部饰三弦纹及六组曲折纹。腹部施黑彩露陶地三线回纹。该器运用阴纹的表现手法，使纹饰显得精细醒目。	150

	新石器时代晚期马家窑文化彩陶—回纹双耳罐（43-133）	高9.8厘米，腹径11.8厘米，口径9厘米，底径4.5厘米。	泥质红陶。敞口，直颈，垂腹，向下内收，小平底，双耳。口沿饰带纹、锯齿纹。器身施黑彩。该器以黑彩露陶地为阴纹的表现手法，用大面积黑色衬出陶地的回纹、贝叶形纹，对比强烈且醒目。	151
	新石器时代晚期马家窑文化彩陶—回纹双耳罐（43-252）	高13.8厘米，腹径14.6厘米，口径6.4厘米，底径7.3厘米。	泥质红陶。小口微外侈，短颈，垂腹，双耳。全器施红陶衣，黑彩。口沿饰带纹。肩部饰带纹、曲折纹。腹部饰复线回纹、三角纹。图案富有层次的变化。	151
	新石器时代晚期马家窑文化彩陶—回纹双耳罐（42-16）	高12.6厘米，腹径15.5厘米，口径9.5厘米，底径6厘米。	泥质红陶。敞口，直颈，垂腹，向下内收，小平底，双耳。褐红彩。口沿内外饰带纹、锯齿纹。腹部以弦纹、回纹组成。色彩对比和谐。腹部的复线回纹线条平直且均匀，显示出专业陶工娴熟的绘制技艺。	152
	新石器时代晚期马家窑文化彩陶—回纹双耳罐（43-174）	高10.6厘米，腹径12厘米，口径8.2厘米，底径4.5厘米。	泥质红陶。敞口，直颈，垂腹，双耳。黑彩。口沿饰带纹。器身施黑彩。在黑彩露出陶地为阴纹来表现曲折纹和回纹，对比强烈且醒目。	153
	新石器时代晚期马家窑文化彩陶—回纹双耳盆（42-96）	高10厘米，口径16.5厘米，底径6.2厘米。	泥质红陶。敞口，外撇，直腹，内收小平底，腹下有两对称突乳。黑彩。内腹饰叠线连弧纹。外腹饰回纹、垂幛纹。该器纹饰刚劲有力，简洁大方。	154
	新石器时代晚期马家窑文化彩陶—回形网纹双耳罐（42-12）	通高15.8厘米，腹径20厘米，口径7.8厘米，底径6厘米。	泥质红陶。小口，短直颈，颈耳，垂腹。黑彩。口沿饰带纹、锯齿纹。颈部饰网纹。肩部绘一周黑带纹，上饰连珠纹。腹部饰回纹，中间填充网纹。器壁弧线舒适、自然，器型庄重。	155
	新石器时代晚期马家窑文化彩陶—回形网纹双耳罐（43-162）	高11.5厘米，腹径13厘米，口径8.5厘米，底径7厘米。	泥质红陶。敞口微外撇，直颈，垂腹，双耳。黑彩。口沿饰锯齿纹。颈部饰网纹。肩腹间施黑彩，肩部饰露陶地串珠纹，腹部的露陶地双线回纹内填细网纹。马厂彩陶的回形纹的形成与方折纹有关。方折纹，往往是一上一下，一正一倒地间置着，这种方折纹之间的回形空隙中往往填以方格线纹，成为回形网格纹。到马厂晚期，方折纹消失，而回形网格纹则由原先作为图案中的附属花纹转变主题纹饰。	156
	新石器时代晚期马家窑文化彩陶—几何纹双耳罐（43-175）	高11.4厘米，腹径10.6厘米，口径8.2厘米，底径5厘米。	泥质红陶。敞口，直颈，垂腹，双耳。红黑彩。口沿饰锯齿纹。器外整体以凹凸纹为框架，再填网线。网线纹由数以百条互相垂直的细线构成，画风严整精确，一丝不苟。作为图案骨式的宽带和填空的细网线形成对比，很有层次变化。	156

	名称	尺寸	描述	页码
	新石器时代晚期马家窑文化彩陶—几何纹豆（42-118）	高7厘米，口径14厘米，底径7.3厘米。	泥质红陶。侈口，浅腹，喇叭形圈足，足侧有两钻孔。黑红彩。口沿饰多组平行斜线纹。腹部的黑红彩间作"十"字分割同心三角回纹，外壁饰垂幛纹。马厂早期豆、盆内的"十"字纹的两边多镶以黑线。到晚期"十"字纹周围多填着重叠直角折线等各种花纹，尤以由"十"字四端向内不断折曲的回形纹为主要特色。在马厂类型彩陶器内所绘的"十"字纹只是起着图案骨式的作用，而"十"字四周的花纹才是主题纹饰。	157
	新石器时代晚期马家窑文化彩陶—几何纹单耳壶（43-228）	高11.9厘米，腹径11.7厘米，口径6.2厘米，底径4.4厘米。	泥质红陶。敛口，长颈，颈稍鼓圆。鼓腹，颈耳。红黑彩。口沿饰双线弦纹、竖线纹。颈部饰曲折纹。颈腹连接处为红、黑彩间作宽带纹。腹部饰复线三角回纹。该器造型独特，图案绘画清晰。	158
	新石器时代晚期马家窑文化彩陶—几何纹豆（42-119）	高7.3厘米，口径14厘米，底径9.2厘米。	泥质红陶。敞口，浅腹，圈足，足侧有两钻孔。黑红彩。腹部的红黑彩间作十字分割，每组绘同心三角波折纹。外壁绘弦纹、垂幛纹。	159
	新石器时代晚期马家窑文化彩陶—几何纹双耳罐（42-86）	高8.6厘米，腹径10厘米，口径4.2厘米，底径4.4厘米。	泥质红陶。小口，短颈，垂腹，双耳。褐红彩。口沿竖线纹。颈部网纹。肩部两串连珠纹。腹部同心三角波折纹。	160
	新石器时代晚期马家窑文化彩陶—几何纹碗（41-26）	高5.2厘米，口径14.3厘米，底径6厘米。	泥质红陶。敞口，浅收腹，黑红彩。腹部的黑红彩间作十字分割形回纹，外壁饰垂幛纹。	161
	新石器时代晚期马家窑文化彩陶—三角纹双耳钵（43-227）	高11.6厘米，腹径19.8厘米，口径19.5厘米，底径9厘米。	泥质红陶。敛口，鼓腹，腹部有两乳钮。黑红彩。内腹绘四组红黑相间的同心三角纹，间红彩圆圈纹。	162
	新石器时代晚期马家窑文化彩陶—三角波折纹双耳盆（41-6）	高11.8厘米，口径18.5厘米，底径10.5厘米。	泥质红陶。大口，宽折缘，缩颈，鼓腹，腹下两耳。红黑彩。口沿内外饰红彩带纹，口沿内的带纹下接连弧纹，口沿上一周曲折纹。腹部黑、红彩间作宽三角折线纹。	163
	新石器时代晚期马家窑文化彩陶—三角纹双耳盆（41-5）	高11.3厘米，口径21厘米，底径10厘米。	泥质红陶。敛口，深腹。双耳。器外壁素身，盆内壁全黑衬红色三角形折线、三组弧形网纹，规整的线条中不失律动。	164

	新石器时代晚期马家窑文化彩陶—波折纹敛口双耳盆（42-9）	高10.6厘米，口径21厘米，底径9.8厘米。	泥质红陶。敛口，深腹内收，小平底，腹部有突錾。黑彩。盆底绘十字分割同心直线纹，盆壁绘由折线组成的同心五边形图案，向上扩展至壁上部演变为连弧纹。	165
	新石器时代晚期马家窑文化彩陶—波折纹单耳罐（41-23）	高11.6厘米，腹径13厘米，口径5.5厘米，底径5.8厘米。	泥质红陶。侈唇，短颈，垂腹，内收成小平底，颈单耳，腹钮。口沿饰四组相交三直线纹，颈部饰黑弦纹、平行线圆点纹。腹部饰双线波折纹。	166
	新石器时代晚期马家窑文化彩陶—波折纹双耳罐（41-9）	高19.3厘米，腹径21厘米，口径13.5厘米，底径8.6厘米。	泥质红陶。大口，鼓腹，双耳。黑红彩。口沿饰锯齿纹。颈部饰网纹。腹部黑、红两彩间绘波折纹，黑彩带都有锯齿。腹下饰垂幛纹。	167
	新石器时代晚期马家窑文化彩陶—波折纹单耳罐（43-236）	高11.9厘米，腹径15.8厘米，口径6.5厘米，底径6.5厘米。	泥质红陶。侈口，短颈，垂腹。红黑彩。器身施白陶衣，腹部在正倒相错的三角形内绘一周波折纹，肩部饰一圈曲折纹。一侧有单肩耳，另一侧有小突錾的器型是马厂类型新的彩陶器型。这类彩陶器的腹部常绘三角折带纹，在正倒相错的三角形陶地中还填充其他单独纹样。	168
	新石器时代晚期马家窑文化彩陶—波折纹双耳罐（43-51）	高7.4厘米，腹径10厘米，口径8厘米，底径6厘米。	泥质红陶。大口，直颈，双耳，垂腹。黑彩。口沿内外饰锯齿纹。腹部饰波折纹。	169
	新石器时代晚期马家窑文化彩陶—波折纹双耳罐（42-87）	高9.2厘米，腹径10.6厘米，口径6.3厘米，底径4.9厘米。	泥质红陶。侈口，短颈，垂腹，双耳。全器施红陶衣，黑彩。口沿饰重线连弧纹，颈部饰三线弦纹。腹部饰正倒相错的波折纹。	169
	新石器时代晚期马家窑文化彩陶—波折纹双耳罐（43-72）	高12.5厘米，腹径16厘米，口径16厘米。	泥质红陶。大口，直唇，短颈，双耳。器身施红陶衣，黑彩。口沿饰平行线纹、弦纹及几何纹化的鱼纹，颈部为四线直线纹，腹部为三线波折纹。	170
	新石器时代晚期马家窑文化彩陶—波折纹双耳罐（42-73）	高9.3厘米，腹径11.5厘米，口径11.5厘米，底径5.8厘米。	泥质红陶。敞口，短颈，双耳。黑彩。口沿饰双线波折纹、弦纹。颈部饰四组直线纹。腹部饰三线波折纹。	171

	新石器时代晚期马家窑文化彩陶—波折纹双耳罐（43-158）	高9厘米，腹径10.3厘米，口径10厘米，底径5.8厘米。	泥质红陶。敞口，短颈，双耳，垂腹，腹部前后有突錾。黑彩。口沿饰黑彩地菱纹、复线连弧纹。颈部饰弦纹、四组直线纹。腹部三线波折纹、垂幛纹。	172
	新石器时代晚期马家窑文化彩陶—波折纹双耳罐（43-65）	高12.2厘米，腹径12.2厘米，口径8.2厘米，底径7.3厘米。	泥质红陶。侈口，长直颈，垂腹，双耳，小平底。红褐彩。口沿饰复线连弧纹，颈部为阴阳相对的三角纹。肩到腹部施红彩，肩腹部分别是露陶地串珠纹和三线波折纹。	173
	新石器时代晚期马家窑文化彩陶—波折纹双耳罐（43-119）	高8厘米，腹径9.3厘米，口径7.5厘米，底径4.5厘米。	泥质红陶。敞口，长直颈，垂腹，双耳。红黑彩。口沿、颈部饰锯齿纹、弦纹。腹部施一层黑彩，饰露陶地串珠纹及三线波折纹。	174
	新石器时代晚期马家窑文化彩陶—波折纹双耳罐（43-64）	高8.5厘米，腹径10.2厘米，口径7.5厘米，底径4厘米。	泥质红陶。敞口，短颈，垂腹，双耳，小平底。器身施白陶衣，红黑彩。口沿饰锯齿纹、弦纹。颈部饰平行斜线纹。腹部上下在粗带纹间绘正倒相错的三角形，内填直线纹、波折纹。	174
	新石器时代晚期马家窑文化彩陶—波折纹双耳罐（43-160）	高7.6厘米，腹径10厘米，口径7.6厘米，底径4.5厘米。	泥质红陶。敞口，短颈，垂腹向内折，小平底，双耳。器身施白陶衣，红黑彩。口沿饰网纹。颈部饰波折纹及黑彩粗弦纹。腹部双耳下绘"X"纹将腹部分前后两区，区内绘三角纹、直线、网格纹。	175
	新石器时代晚期马家窑文化彩陶—方形波纹双耳盆（41-3）	高12厘米，口径25.3厘米，底径10.47厘米。	泥质红陶。卷唇，鼓腹，双耳。盆外壁素身。盆内壁为红黑两彩。口沿上绘相对锯齿纹。盆底以红黑双线菱形为中心，绘四组连续旋涡纹组成运动的曲线装饰带，花纹显得舒展而流畅。这是人面鱼身纹的简化体，早期人面鱼身纹样是以三个人面鱼身的纹样，一圈循环地排列在盆的内壁，又和盆内中心的圆圈纹互相旋连，人面表现具象。盆中心绘旋动着的花朵纹，更增强了图案回转的感觉。以后人面纹逐渐简化，至最后完全失去了原来的具体形象，经变形、分解形成了新的几何形纹样，在彩陶盆中多以圆为定位点，构成既连续又旋转的动感很强的图案。	176
	新石器时代晚期马家窑文化彩陶—网纹双耳罐（43-114）	高13.5厘米，腹径13.8厘米，口径9.5厘米，底径6.8厘米。	泥质红陶。敞口，直颈，垂腹，双耳。口沿饰锯齿纹。颈肩处施黑彩，颈部饰露陶地锯齿纹。肩部饰露陶地串连珠纹。黑彩带将腹部划分为四个区间，区间内绘双线菱纹，间填网纹。构图规整，彩纹与陶地整体协调。	177

图	名称	尺寸	描述	页
	新石器时代晚期马家窑文化彩陶—网纹单柄壶（42-90）	高12.3厘米，腹径11厘米，口径7厘米，底径5.4厘米。	泥质红陶。直口，颈耳，圆腹。颈部、腹部以黑彩绘网纹为地，腹部以红彩绘叶纹。整器图案既有变化，又呼应谐调。	178
	新石器时代晚期马家窑文化彩陶—网纹单耳壶（43-233）	高12.1厘米，腹径12.2厘米，口径6.2厘米，底径6厘米。	泥质红陶。直口，颈耳，鼓腹。颈肩连接处绘宽红黑彩带。颈部、腹部、耳部绘网纹。	179
	新石器时代晚期马家窑文化—人面钮陶器盖（41-31）	高7.3厘米，底径16.6厘米。	泥质红陶。此为捏塑呈人首状的陶器盖。人面微张口，目、鼻、耳显著，面部清秀，颇似少女。盖钮塑成人首形，构思巧妙，技法娴熟。造型憨直可掬，具有一种纯朴和稚拙的情趣。此为马家窑文化罕见的一件艺术品。	180
	新石器时代晚期马家窑文化—素身单柄陶罐（43-274）	高11厘米，腹径11厘米，口径6.3厘米，底径6厘米。	泥质细黑陶。侈唇，直颈，垂腹，单颈耳，腹有一突錾。胎壁较薄而体轻，器表有一层黑陶衣，光滑发亮。	181
	新石器时代晚期马家窑文化—堆塑宽带纹单耳陶杯（43-280）	高8.8厘米，腹径8.5厘米，口径7厘米，底径5.2厘米。	夹砂粗灰陶，侈口，短颈，鼓腹，单颈耳。器身堆塑斜线形宽带纹。器表有烟炱痕。	182

· 齐家文化

图	名称	尺寸	描述	页
	新石器时代晚期齐家文化—素身红陶罐（43-292）	高10厘米，腹径10.2厘米，口径7.2厘米，底径5.9厘米。	泥质细红陶。侈口，短颈，溜肩，鼓腹，平底。素身。	184
	新石器时代晚期齐家文化—平口高领折肩红陶壶（43-297）	高29.3厘米，腹径22厘米，口径16厘米，底径10.2厘米。	泥质细红陶。敞口，侈唇，长颈内收，折肩，折腹，小平底。素身，器表打磨光滑。齐家文化以素陶为主，有红陶和黑陶，陶质细腻，制作工艺比较精致，其中以双耳罐和高领双耳罐最富有特色。	184
	新石器时代晚期齐家文化—高领折肩双耳红陶壶（43-296）	高25.2厘米，腹径18.4厘米，口径17.5厘米，底径8.5厘米。	泥质细红陶。大侈唇，长颈内收，折肩，折腹，腹部有双耳，小平底。素身，器表光滑。	185

图	名称	尺寸	描述	页
	新石器时代晚期齐家文化—素身红陶罐（43-294）	高11厘米，腹径11.3厘米，口径10.1厘米，底径4厘米。	泥质细红陶。大侈口，直颈，鼓肩，弧腹，内收小平底。素身，器表光滑。	186
	新石器时代晚期齐家文化—素身单耳红陶壶（42-129）	高9.2厘米，腹径7.3厘米，口径6.2厘米，底径4.3厘米。	泥质红陶。大侈口，长颈，鼓腹，口沿与腹间有一扁体拱形鋬，平底。素身。	187
	新石器时代晚期齐家文化—素身单耳红陶罐（43-272）	高10.5厘米，腹径11.2厘米，口径10.7厘米，底径4厘米。	泥质细红陶。大侈口，直颈，鼓肩，弧腹，口沿与腹间有一扁体拱形鋬，小平底。素身，器表光滑。	187
	新石器时代晚期齐家文化—素身单耳红陶罐（43-278）	高9.4厘米，腹径10.4厘米，口径9.8厘米，底径4.2厘米。	泥质细红陶。大侈口，长颈内收，鼓肩，弧腹，口沿与腹间有一扁平体拱形鋬，小平底。素身，器表光滑。	188
	新石器时代晚期齐家文化—素身单耳红陶罐（43-282）	高7.2厘米，腹径7.7厘米，口径7厘米，底径3.3厘米。	泥质细红陶。大侈口，长颈内收，鼓肩，弧腹，口沿与腹间有一扁平体拱形鋬，小平底。素身，器表光滑。	188
	新石器时代晚期齐家文化—素身单耳红陶罐（43-281）	高8.6厘米，腹径10厘米，口径9.3厘米，底径4厘米。	泥质细红陶。大侈口，长颈内收，鼓肩，弧腹，口沿与腹间有一扁平体拱形鋬，小平底。素身，器表磨光。	189
	新石器时代晚期齐家文化—素身单耳陶罐（43-279）	高13.9厘米，腹径13.8厘米，口径9.6厘米，底径6厘米。	夹砂红陶。侈口，短颈，鼓腹，小平底，口沿与肩间有一扁平体耳。腹部压印深浅不一的小方格纹。	189
	新石器时代晚期齐家文化—素身单耳陶罐（42-131）	高10厘米，腹径9.5厘米，口径9.4厘米，底径5.2厘米。	夹砂红陶。侈口，高颈，鼓圆腹，小平底。口沿与肩间有一扁平体耳，耳上有圆形堆塑。腹部压印深浅不一的小菱形纹。	190
	新石器时代晚期齐家文化—素身双耳红陶罐（43-265）	高8.6厘米，腹径8.3厘米，口径7.5厘米，底径4.2厘米。	泥质细红陶。大侈口，短颈，折腹，小平底，双耳。素身，器表光滑。	190
	新石器时代晚期齐家文化—素身双耳红陶罐（43-266）	高12.4厘米，腹径11.3厘米，口径8.2厘米，底径5.9厘米。	泥质红陶。侈口，长颈，折腹，双耳，小平底。素身，器表光滑。	191

	新石器时代晚期齐家文化—素身双耳红陶罐（43-270）	高9厘米，腹径10.3厘米，口径8.6厘米，底径4.4厘米。	泥质红陶。侈口，短颈，折腹，双耳，小平底。素身。	192
	新石器时代晚期齐家文化—素身双耳红陶罐（43-271）	高7.3厘米，腹径7.8厘米，口径8.5厘米，底径2.6厘米。	泥质红陶。大敞口，束腰形器身，向内收小平底，双大耳，素身。整体造型夸张。	192
	新石器时代晚期齐家文化—素身双耳红陶罐（42-127）	口径8.3厘米，腹径11.7厘米，底径5.5厘米，高10.5厘米。	泥质红陶。敞口，直颈，弧肩，鼓腹，双耳，耳上有堆塑，平底。素身。	193
	新石器时代晚期齐家文化—素身双耳黑陶罐（43-264）	高9厘米，腹径10.7厘米，口径7.7厘米，底径5.3厘米。	泥质黑陶。器表施一层黑陶泥。侈口，直长颈，折腹，双耳，小平底。素身。	194
	新石器时代晚期齐家文化—素身灰陶罐（43-291）	高8厘米，腹径7.9厘米，口径4.9厘米，底径5厘米。	泥质灰陶。直口，折腹，内收平底。颈部饰一串内凹串珠纹。腹部以下压印弦纹。	194
	新石器时代晚期齐家文化彩陶—菱形网纹单耳壶（43-210）	高19.8厘米，腹径17.2厘米，口径8.3厘米，底径8.5厘米。	泥质红陶。小口微外侈，直颈，垂腹，单颈耳，腹钮。红黑彩。口沿内外饰锯齿纹。颈部饰红带纹中露陶地串珠纹。腹部用粗竖线与网格纹分为四等份，其间填绘连续而规整的菱形方格纹图案，其中一组的菱形方格内填网纹。图案清晰明亮，装饰华丽美观。	195
	新石器时代晚期齐家文化彩陶—回纹双耳罐（43-138）	高15.5厘米，腹径16.8厘米，口径6厘米，底径6.5厘米。	泥质红陶。小口外侈，短颈，鼓圆腹，双颈耳。红彩。口沿饰网纹。颈部饰弦纹、菱形网纹。两耳下用宽红竖线纹间填菱形纹把腹部分前后两区，每区绘三道回纹，间填网纹。回形纹和网线纹之间露出呈几何形的陶地，形成了多层次的变化。网纹由数百条平行的竖线和横线组成，显示出陶工精细准确的绘制技艺。	196
	新石器时代晚期齐家文化彩陶—三角纹双耳罐（43-115）	高13.5厘米，腹径13厘米，口径7.6厘米，底径6厘米。	泥质红陶。敞口微外侈，短颈，溜肩，鼓腹，双耳，小平底。口沿饰复线连弧纹。颈部饰弦纹，间竖列相错的黑彩锯齿纹。腹部两带纹间绘重叠波折纹构成的重叠三角纹，下腹饰垂幛纹。	197

图	名称	尺寸	描述	页码
	新石器时代晚期齐家文化彩陶—三角网纹双耳罐（43-182）	高9.3厘米，腹径14.4厘米，口径9.3厘米，底径6.2厘米。	泥质红陶。敞口，侈唇，短颈，鼓腹，双耳，小平底。口沿饰复线连弧纹。颈部饰宽弦纹、三角纹。腹部两宽带纹间绘波折纹正倒及相间的三角网纹。两耳下绘"X"纹。齐家文化彩陶花纹以正倒相间三角纹、菱格纹、回纹、凹凸纹和网纹为主。花纹造型主要以直线和三角形块组成，因此具有严正和锐利的风格。	198
	新石器时代晚期齐家文化—刻划瓜棱纹单耳陶罐（43-275）	高8.7厘米，腹径9.2厘米，口径6.6厘米，底径4厘米。	泥质细陶。大侈口，长颈内收，折肩，折腹，口沿与腹间有一扁平耳，小平底。腹部刻瓜棱纹。器身有烟熏痕。	199
	新石器时代晚期齐家文化—绳纹双耳小陶罐（42-141）	高10.3厘米，口径8.6厘米，底径4.3厘米。	灰陶。敞口，器壁斜直，向内收，平底，双耳。器身中部压印绳纹。器型小巧。	199
	新石器时代晚期齐家文化—鸮面单柄陶罐（42-144）	通高12厘米，腹径8厘米，底径3.6厘米，鸮面宽8厘米。	灰陶。半圆形斜口，折腹，单耳。口沿上突出一层二重台。口沿捏塑一鸮面，鸮鼻突出，其面部正中穿两个圆孔为双目。造型简洁生动，形神兼备。	200

· 辛店文化

图	名称	尺寸	描述	页码
	新石器时代晚期辛店文化彩陶—双勾纹双耳罐（43-197）	高9厘米，腹径13.8厘米，口径11.2厘米，底径4厘米。	夹砂红陶。陶质粗糙、疏松，火候较低。侈唇，短颈，扁腹，两钮耳。器型稍矮。口沿内外饰黑彩宽弦纹。腹部用黑彩绘粗线双钩纹。黑彩与陶胎结合不紧密，已有脱落。该器造型粗犷，图案线条简单，双钩纹极具代表性。	202
	新石器时代晚期辛店文化彩陶—涡纹单耳罐（42-93）	高17.2厘米，腹径16.5厘米，口径10.4厘米，底径7.9厘米。	泥质红陶。敞口，直颈，鼓腹，单颈耳。腹部绘连续旋涡纹。笔法流畅，所绘花纹动感很强。	202

四坝文化

图	名称	尺寸	描述	页码
	新石器时代晚期四坝文化彩陶—锯齿纹双耳罐（43-44）	高12厘米，腹径12厘米，口径9厘米，底径6厘米。	泥质红陶。敞口，直颈，垂腹，双耳。红黑彩。口沿内外饰锯齿纹。器身用粗的红竖线与黑锯齿纹将器身分四等份，各区填绘平行锯齿纹。罐内外壁的花纹都以锯齿纹构成，相互呼应，十分和谐。	204

后 记

　　1993年国家文物局调拨485件史前彩陶到我馆至今已24年。这批彩陶的到来不仅丰富了我馆的藏品，而且为我们开启了研究、探讨史前彩陶文化宝库之门。为了便于专家学者对其研究剖断，满足观众的需求，我们编著了这本图录。

　　这本图录经馆编委会成员及业务人员的通力合作、筹划协商，终编辑完成。尤值一提的是，吴凌云馆长于百忙中给予的悉心指导，令我们受益良多；中山大学社会学与人类学学院许永杰教授，本馆的王维一、向晋艳、梁惠彤、黄明乐等同志提供了诸多帮助；中山大学出版社的王延红女士也为本书的顺利出版不辞辛苦。在此对参与本书编写和为本书付出辛勤劳动的专家学者和工作人员表示诚恳谢意。

　　由于时间仓促和编者学力所限，本书不可避免地存在一些不足和遗憾，祈请专家同行批评指正。

编者
2016年8月